LEONARD COHEN

Le chant d'une vie

Harry RASKY

LÉONARD COHEN
Le chant d'une vie

Balland

Mosaic Press, 1252 Speers Rd., Units 1&2, Oakville,
ON L6L 5N Canada

Traduit de l'anglais par Sophie Taam

ISBN 978-2-94055-641-0

Le moment est venu. Le rythme m'entraîne et la musique commence.

Écoutez, je vais vous conter une ballade,

«*Le chant d'une vie*»,

celle de mon ami poète Leonard Cohen

Le 16 avril 2000

Je crois que je n'oublierai jamais ce coup de fil reçu récemment de Leonard Cohen. Cet hiver-là n'avait été que contrariétés. Bien que je me sois échappé – du moins c'est ce que je pensais – en Floride pour réparer mon corps amoché, je n'arrivais pas à me fuir. Chaque matin, j'étais suffoqué par le sentiment de morbidité – une agonie mentale qui m'étouffait parmi les couleurs vivides et le son monotone de la mer. Je m'envolai avec mon épouse – mon soutien inconditionnel – pris sous l'aile rassurante d'Air Canada, vers le cocon réconfortant de notre maison.

Mais à Toronto, pleine de sa fatuité suffisante, je dus affronter l'hiver canadien, rigoureux comme toujours. L'hiver vicieux avait livré sa dernière tempête de verglas et de neige. Le mois d'avril est réputé le plus cruel et je sentis longtemps sa morsure s'attarder sur moi.

C'est un jour comme ceux-ci qu'eut lieu le coup de fil – la voix chaleureuse de Leonard sur mon répondeur au bureau de la *Canadian Broadcasting Corporate*[1], un endroit imprégné de la mémoire d'autres poètes comme Tennessee Williams et de chantres de l'âme comme Teresa Stratas. Je collectionne tout ce qui a trait

1. Société Canadienne d'Audiovisuel

à la grande beauté créatrice et mon bureau est bourré d'œuvres. Je suis rempli d'humilité pour ces offrandes à l'humanité. Elles voltigent dans mon esprit comme les formes colorées dans un tableau de Marc Chagall ; rêve et réalité et au-delà. Au-delà de l'au-delà. J'en fais l'éloge maintenant comme je le fis dans mes films, dans mes méditations sur Dieu. Si Dieu est le grand créateur, ces hommes et ces femmes se sont efforcés, jour après jour, par la peinture et la passion, par les mots et la musique, de nous transmettre les fragments personnels de leur création. Je leur rends hommage pour cela.

Leonard, le poète, offrit ces quelques mots dans son message téléphonique en ce jour d'avril de cette année 2000 improbable.

« Harry, c'est Leonard. Je voulais juste que tu saches que j'ai regardé ton film sur moi et je me suis aperçu qu'à l'époque je ne t'avais pas assez remercié, c'est un cadeau magnifique que tu m'as fait avec ce film. Appelle-moi. »

Et il laissait son numéro personnel.

Je n'avais pas besoin de ses remerciements. Le film *The song of Leonard Cohen* faisait partie des joies créatrices de ma vie, une ébauche de fusion entre sa poésie, sa passion, et la mienne. Je ne le regarde pas souvent car ses sons m'obsèdent et il m'est quasiment impossible de m'en défaire avant des jours, voire des semaines, voire jamais.

S'il y avait quelque chose de surprenant dans ce coup de fil – et je suis difficilement surpris –, c'était que le film datait d'une vingtaine d'années, nous l'avions visionné ensemble dans un studio à Toronto une fin d'après-midi d'août. Vingt ans déjà et cela ne faisait que commencer.

J'essayai de l'appeler et laissai mon numéro à la maison. Il y eut un autre coup de fil. Cette fois-ci, il disait : « Harry, j'ai loupé quelques chiffres de ton numéro. Rappelle-moi. Je suis devenu un peu dur d'oreille. »

Je devenais un tant soit peu névrotique, voyez-vous, au sujet de la CBC[1].

La chaîne, autrefois si géniale, qui avait vu s'épanouir mon travail et celui d'autres réalisateurs, avait été détournée par des cadres moyens totalement hermétiques en matière de goût. Et, pis encore, des films tels que celui que j'avais fait avec Leonard étaient minés par la mentalité bureaucratique, ce qui rendait quasi-impossible de les diffuser au grand public en quête de qualité. Ils étaient étranglés par cette pensée glaciale. C'est pourquoi le coup de fil devint crucial. Je répondis en parlant lentement et fort, quoiqu'affectueusement.

Il rappela et parla avec ma femme, Arlene, qui a toujours été intimidée en sa présence. Enfin, au bout d'une semaine, nous réussîmes à nous joindre. En fait, j'ai l'impression que Leonard est devenu autant mythe que poète. C'est le meilleur poète, semble-t-il, le poète que nous rêvons tous d'avoir le courage de devenir. Nous l'avons suivi, comme nous aurions suivi Keats ou Shelley, nous délectant des scènes capturées. « Leonard dans le Tennessee. Leonard dans la montagne, Mount Baldy en Californie. Récemment, Leonard en Inde. Leonard sex-symbol universel. Leonard moine et source spirituelle. »

Parfois, je pense que Leonard est comme Cary Grant, qui, dans la fleur de l'âge, disait : « Tout le monde veut

1. *Canadian Broadcasting Corporate* (Société Canadienne d'Audiovisuel).

être Cary Grant, même moi.» Pendant des années, j'ai souvent pensé à lui, je l'appelais quand j'étais à Montréal, je lui parlais quand je le pouvais mais je n'ai jamais ressenti le besoin d'être en contact permanent. C'est comme les moineaux nichés sur mon toit près de la cheminée. Cela me fait plaisir de les entendre le matin et je suis ravi quand ils se montrent. Mais je sais que je ne pourrais jamais en capturer un, loin de moi cette envie.

Néanmoins, ce sont «mes moineaux.» Et je suis leur ami, comme je suis l'ami de Leonard, je crois. Mais pour être en vie, il a besoin d'être libre, bien sûr. Il a écrit là-dessus et chanté ses louanges.

> *Comme un oiseau sur un fil barbelé*
> *Comme un homme ivre dans un chœur de veillée*
> *À ma façon j'ai tenté d'être libre*[1]

Et c'est ainsi que je l'ai connu, il y a bien des années. C'était, si mes souvenirs sont bons, en 1962. Vous imaginez ! Cela fait presque quarante ans ! Allons, revenons à Hydra, cette île en Grèce baignée de soleil.

Jamais je ne l'oublierai.

1. Like a bird on the wire/Like a drunk in a midnight choir/ I have tried in my way to be free

Hydra et l'île de l'esprit

Tout ce qui bouge est blanc
Une mouette, une vague, une voile,
Mouvement trop pur pour être contrefait
Brise la peine.[1]

C'était en ce temps-là. Nous étions ce qu'on appelle des *buchers* en yiddish, des jeunes gars, chacun de son côté puis ensemble pendant quelques temps. Pour moi, c'était l'aventure absolue. Pour Leonard, juste un aperçu des délices que la vie peut procurer, gravitant généralement autour d'une femme à la beauté éblouissante et au sourire triste. Leonard était un poète en construction. Tout n'était que passion et douleur, délimité par les mots capables d'exprimer l'extase et le désespoir. Pas encore de musique pour accompagner la souffrance.

J'étais de retour d'une fabuleuse aventure en Afrique, pour la deuxième fois. Mon premier tour incluait toute l'Afrique au Sud du Sahara. Cette fois-ci, j'étais revenu à la montagne magique, le Royaume d'Éthiopie. Je possède encore l'annuaire de téléphone de toute la nation féodale sous protection.

En voici quelques-unes :

Sa Majesté Impériale l'Impératrice

Le Palais impérial
Rupre Sentan
Majordome
Caissier

1. Anything that moves is white,/a gull, a wave, a sail, /and moves too purely to be aped. /Smash the pain.

Son Altesse Impériale le Prince Souverain

Palais
Palais, ligne directe

Son Altesse Impériale le Duc de Harrar

Ne pas tenter d'appeler actuellement. Ils sont tous soit assassinés soit en fuite.

En ce temps-là, l'Éthiopie semblait vraiment être la terre oubliée du reste du monde. Perché sur un haut plateau, c'était le pays que les explorateurs avaient préféré ignorer, trop difficile à conquérir à l'époque conquistador du colonialisme.

Si la Bible devait à nouveau se dérouler, c'est en Éthiopie que cela se produirait. Du moins, c'est ce qu'on aurait pu croire, il y a près de quarante ans, lorsque l'Empereur était traité comme Dieu lui-même! Et s'il ne faisait pas partie des divinités, il était sans aucun doute à tu et à toi avec elles, même lorsqu'il prenait son bain tout seul la nuit dans sa baignoire.

J'avais fait des prises de vue pour une série de CBS en deux épisodes intitulée *Le XXème siècle,* qui devait devenir *Le lion et la croix*. Addis-Abeba était ravissante. Chaque rue semblait tout droit sortie du film de Cecil B. DeMille *Dust and delight*.

Je décidai de prendre le chemin des écoliers pour rentrer chez moi. Je ressentais le besoin de redécouvrir entièrement la Civilisation Occidentale. Pendant mon éloignement de notre grande culture, le président Kennedy avait défié l'Union Soviétique lors de l'épisode appelé «crise des missiles» et nous étions à deux doigts de la destruction massive. J'avais été dans l'un

des rares endroits de la planète qui n'était pas au courant. Arrière, arrière, arrière toute, au tout début ou presque. J'en avais ma dose de l'Afrique. Je descendis de l'avion d'Air Éthiopie à Athènes en Grèce et fis une réservation pour une excursion d'une journée dans les îles grecques, mais j'abandonnai mon ferry boat à Hydra, le premier arrêt.

J'ai toujours été un piètre touriste. J'adore goûter la texture et la réalité d'un endroit. Hydra était un rocher imposant où des maisons s'élançaient de la mer, blanc sur fond blanc, avec des femmes drapées de noir pour se protéger du soleil et des regards insistants des hommes avides desséchés par la mer.

C'est là que je tombai sur Leonard. Les expatriés nord-américains et européens se retrouvaient chaque jour dans un café du bord de mer pour partager retsina, shish kebab et conversation. Je fus tout de suite accueilli chaleureusement. Leonard était un jeune homme à la beauté éblouissante, se tenant juché avec un demi-sourire, fumant cigarette sur cigarette, nerveux et détendu à la fois, si faire se peut. S'exprimant calmement, chaleureusement, mais se dévoilant peu. Un poème de l'époque :

Je porte du noir
J'ai les yeux verts
Dans certaines lumières

Si d'autres essaient d'écrire ça
qu'ils crèvent
qu'il crève celui ou celle
qui décachette ce poème
où je porte du noir

et bénis soient vos yeux
qui se pressent hors de cette page
Sortez un homme aux yeux verts
de sa détresse et sa colère.[1]

À travers ses poèmes de l'époque, on peut comprendre certaines choses. En fait, il luttait pour se trouver, trouver qui il était, qui il est.

J'aimerais lire
un des poèmes
qui m'a mené à la poésie
Je ne me rappelle plus un seul vers
ou même où chercher[2]

Il jouait à un petit jeu : « Ne me cherchez pas. Je ne suis pas là. » Il était toujours là. Né poète. C'était ainsi. Il était aussi, je crois, ce que suggère son nom – un Cohen – un membre du groupe fermé des hauts prêtres d'Israël. Il le savait déjà, à cette époque autant qu'aujourd'hui, même si c'était camouflé dans son propre décorum de doutes personnels.

Je suis un prêtre de Dieu
Je marche sur les chemins
Les poches dans mes mains
Parfois je suis mauvais
Et parfois je suis très bon
Je crois que je crois
tout ce que je devrais

1. I dress in black/I have green eyes/In certain light/If others try to write this/death to them/death to anyone/if he or she unseal this poem/in which I dress in black/and bless your eyes/who hurry from this page/Put a green-eyed man/out of his misery and rage

2. I'd like to read/one of the poems/that drove me into poetry/I can't remember one line/Or where to look

J'aime que tu dises à haute voix
quand tu danses, la tête valsant
sur un plateau d'argent
que je suis un prêtre de Dieu[1]

En étais-je conscient alors ? Non. Je ne savais pas grand-chose de lui, en fait. Il venait du cercle littéraire de Montréal. Et nos deux solitudes nous liaient plus que nos langages nous séparaient. Toronto, mon lieu de naissance, et Montréal étaient éloignées de milliers de kilomètres. Je savais seulement qu'on le considérait comme une star de passage. Mais un poète, qu'est-ce que c'était, et quel rapport avec moi, l'aventurier curieux des guerres et des amours ? Si j'ai appris quelque chose, depuis, ce dont je ne suis toujours pas certain, c'est que nous n'étions pas si éloignés – Leonard, fils et petit-fils de prêtres, et moi, fils d'un chantre qui célébrait si gaiement, et avec tant de mélancolie, la solitude de Dieu.

Elohim. Shma Yisroel, Adonai Elohaynu, Adonai Echod.

Mais même là, je sentis une connexion immédiate. Nouer des relations durables entre deux personnes du même sexe est difficile mais je sus tout de suite que nous nous ferions une place l'un pour l'autre dans le flux de nos vies. Il y avait et il y a toujours un sentiment instantané de tendresse virile envers Leonard – non pas physique mais de l'âme. La désinvolture était impossible. Le cœur du poète ne le tolérait pas. L'écho de Dieu exigeait quelque chose de plus profond. Je fus

1. I am a priest of God/ I walk down the road/ with my pocket in my hand/ Sometimes I'm bad/ then sometimes I'm very good/ I believe that I believe/everything I should/ I like to hear you say/ when you dance with head rolling/ upon a silver tray/ that I am a priest of God

accueilli. Un poème pas encore écrit. Une chanson pas encore chantée.

Un par un, les invités arrivent
Les invités apparaissent
Ceux au grand cœur, nombreux,
Ceux au cœur brisé, peu.

Et personne ne sait où la nuit file
Et personne ne sait d'où le vin coule
Ô Amour, je te veux, je te veux, je te veux
Je te veux maintenant

Et ceux qui dansent commencent à danser
Et ceux qui pleurent commencent à pleurer
Bienvenue, bienvenue crie une voix
Qu'on fasse entrer tous mes invités

Et personne ne sait où la nuit file
Et personne ne sait d'où le vin coule
Amour, je te veux, je te veux. Je te veux
Je te veux maintenant[1]

On dansait et on buvait beaucoup de vin durant ces nuits d'automne à Hydra. Je découvris Zorba le Grec, le son de la musique du bouzouki. Cela dut toucher la corde russe en moi. Leonard était un spectateur

1. One by one the guests arrive/The guests are coming through/ The open-hearted many/The broken-hearted few/ And no one knows where the night is going/And no one knows why the wine is flowing/ O love, I need you, I need you, I need you/ I need you now/And those who dance begin to dance/And those who weep begin/ Welcome, welcome cries a voice/Let all my guests come in/ And no one knows where the night is going/And no one knows why the wine is flowing/ Love, I need you, I need you. I need you I need you now

engagé. Les rythmes exsudaient de ma peau au petit café où se retrouvaient tous les artistes et écrivains émotionnellement rescapés. Le retsina coulait à flot. Et je dansais et dansais et dansais !

Sa compagne suédoise, la fille de ses rêves, avec laquelle il avait vécu une vie de bohème idyllique dans sa maison d'Hydra, venait de le quitter. Il avait capturé cette femme, ou plutôt son esprit, dans l'une de ses chansons typiques de deuil. D'une certaine façon, Leonard faisait penser à une tourterelle triste, grandiose et expressive.

Viens à la fenêtre, ma chérie adorée
J'aimerais lire les lignes de ta main
Je pensais être un genre de bohémien
avant de te laisser m'emmener

Au revoir Marianne
il est temps de commencer
à rire et à verser des larmes
et à rire de tout cela encore

Tu sais que j'adore vivre à tes côtés
mais tu me fais vraiment tout oublier
j'oublie de prier pour les anges gracieux
et les anges oublient de prier pour nous deux

On s'est rencontrés presque jeunes encore
Là-bas près du parc verdoyant aux lilas fleuris
Tu t'es pendue à moi comme si j'étais un crucifix
quand on s'est agenouillés dans la nuit

Tes lettres disent toutes que maintenant tu es à mes côtés

Et pourtant je me sens si seul et délaissé
Je me tiens à la fenêtre et ta toile d'araignée gracile
attache ma cheville à une pierre immobile

Maintenant j'ai besoin de ton amour caché
Moi, aussi froid qu'une lame de rasoir intouchée
Tu es partie quand j'ai dit que j'étais curieux
Je n'ai jamais dit que j'étais courageux

Oh, tu es tellement tellement jolie
Tu es partie, j'ai vu, et tu as changé de nom
Juste au moment où je gravissais le versant de ce mont
pour me rincer les paupières sous la pluie

Au revoir Marianne
il est temps de commencer
à rire et à verser des larmes
et à rire de tout cela encore[1]

---

1. Come over to the window, my little darling/ I'd like to try to read your palm/I used to think I was some kind of gypsy boy/ before I let you take me home/So long, Marianne/ it's time that we began/to laugh and cry and laugh/about it all again/You know I love to live with you/but you make me forget so very much/I forget to pray for the angels/and then the angels forget to pray for us/We met when we were almost young/down by the green lilac park/You held on to me like I was a crucifix/ as we went kneeling though the dark/Your letters they all say you're beside me now/Then why do I feel so alone/I'm standing on this ledge and your fine spider web/ is fastening my ankle to a stone/Now I need your hidden love/I'm cold as a new razor blade/You left when I told you I was curious/ I never said that I was brave/O you are really such a pretty one/I see you've gone and changed your name again/ And just when I climbed this whole mountainside/ to wash my eyelids in the rain/ So long Marianne/It's time that we began/ To laugh and cry and cry and laugh/ About it all again

En ce temps-là, Leonard était un pur poète, hanté et magnifique. Il n'y avait pas encore de chanson, du moins pas publiquement. La musique était encore dans sa tête, attendant d'être libérée. La musique pour se marier avec ses paroles.

Voilà comment se déroulaient les après-midis à Hydra, faites de pur haschich et du genre de conversations intenses que seuls les marginaux velléitaires peuvent se permettre et qu'ils considèrent comme vitales. Et peut-être bien qu'elles l'étaient. Comme les forsythias, avec leur jaune impossible, avant que les saisons ne les dépouillent de leur innocence et qu'ils ne deviennent d'un vert insipide et trivial. Comment savoir au juste ?

Et le vin coulait

Chaque jour, le guide touristique passait me demander si j'étais prêt à quitter ce rocher de sensualité et de luxure. Chaque jour, je lui répondais – pas encore, pas encore tout à fait.

La maison que Leonard avait achetée se trouvait à mi-chemin de la falaise. Elle était d'un blanc pur, meublée du strict nécessaire, ce que j'ai depuis corrélé à son désir de détachement vis-à-vis de ce que le reste du monde appelle confort. On aurait dit un monastère, sur une île au sommet surplombé par un couvent qu'on ne pouvait atteindre qu'à dos d'âne par un chemin sinueux.

Les nonnes tricotaient des pulls colorés aux motifs élaborés, tandis que s'étendait le monde en bas. Un romantisme austère et indéfini émanait de ce lieu, inondé de blanc à l'extérieur, mais au souffle lourd de multiples nuances émotionnelles affleurant juste sous la surface. À l'époque, la Méditerranée était encore délicieusement vierge de toute pollution. Et nous

décidions de l'heure de la baignade comme ça nous arrangeait, quelque part entre le vin et la conversation. Leonard et moi adorions nager. En fin d'après-midi, avant la siesta, le festin intellectuel qui se renouvelait sans cesse jouissait encore du soleil déclinant.

Et le vin coulait

On jouait à un petit jeu. Moi, en tant que réalisateur, j'avais toujours eu un sentiment d'ego important et j'avais l'impression que le monde tournait autour de moi. Donc, quand je partirais, tout ce que je laisserais derrière moi disparaîtrait, en quelque sorte. Tous les endroits étaient des genres de Brigadoon[1]. Selon cette facétie, lorsque mon ferryboat aurait viré de bord, l'île et ses habitants cesseraient d'exister.

Pourtant, ce jour arriva, un jour. Je retournais à New York pour commencer à monter ce qui deviendrait *Le lion et la croix*. Il était temps de rentrer à Manhattan malgré l'avertissement donné quelques semaines auparavant par la crise des missiles, qui préfigurait que le monde était en train de devenir un endroit sacrément dangereux. Alors que le ferry virait de bord, je crus voir le groupe se cramponner les uns aux autres et s'accrocher aux meubles, sous la houlette de Leonard. Mais bien sûr je me trompais et il est resté tel quel jusqu'au bout.

Nous avions prévu que je revienne vers le printemps. Mais pour moi, cela ne serait plus jamais pareil à cet automne où le monde semblait proche de sa fin, le monde en blanc.

1. Film de Vincente Minelli où un village est frappé d'une malédiction et ne surgit du néant qu'un jour par an. C'est ce jour-là que le personnage principal du film le découvre, ignorant de la malédiction, et lorsqu'il y revient plus tard, Brigadoon a disparu. (NDT)

Tout ce qui bouge est blanc
Une mouette, une vague, une voile,
mouvement trop pur pour être contrefait.
Brise la peine.

Ne simule jamais la paix.
Le consolumentum n'a pas été,
et jamais ne sera embrassé.
La peine ne peut compromettre la lumière.

Fais violence à la peine,
sabote le point de vue facile
la leçon facile, de l'eau
pour ceux qui ont besoin de brûler.

Ils sont sans pitié : un cri du coq,
des crânes blanchis de boucs.
Scalpels et coquelicots qui croissent côte à côte
si vous les voyez vraiment écarlates.[1]

Et les fleurs de forsythia, torches de jeunesse jaunes, étaient balayées par le vent des sixties. L'ambition, l'émulation, rien d'autre ne comptait. Deviens un héros ! Décroche la célébrité et la richesse suivra à coup sûr ! Et la félicité – oui, cette chose illusoire appelée bonheur ! Le paradis ? C'était difficile de percevoir le paradis du ici et maintenant, le paradis que nous tenons au creux de nos mains, alors que nous le

---

1. Anything that moves is white,/ a gull, a wave, a sail,/ and moves too purely to be aped./Smash the pain./ Never pretend peace./ The consolumentum has not,/never will be kissed. Pain/ cannot compromise this light./ Do violence to the pain,/ruin the easy vision,/the easy warning, water/ for those who need to burn./These are ruthless : rooster shriek,/ bleached goat skull./ Scalpels grow with poppies/if you see them truly red.

cherchions dans nos cœurs. Et donc il devint le paradis perdu.

Il y avait de nombreux jalons dans la vie de Leonard, mais que nous disaient-ils ?

Il était né dans une famille assez riche, comme beaucoup de familles juives de Montréal, qui tentait d'asseoir sa prospérité dans le business du vêtement, alors florissant.

On dit que son arrière-grand-père fut le premier sioniste du Canada, il eut un oncle décoré de l'Ordre de l'Empire Britannique et un grand-oncle Grand Rabbin.

À cette époque, la famille avait une gouvernante et un chauffeur. On dit qu'il était le vilain petit canard, le gosse rondouillard que personne n'aimait. Il perdit son père à l'âge de neuf ans et se rapprocha alors de sa mère et de sa sœur. Il se sentait comme un « perdant magnifique ». Irving Layton, la canaille poète pleine de fougue, lui servit de père de substitution à certains égards, de mentor rebelle. Était-ce vraiment possible d'être un Juif et poète et néanmoins survivre au beau milieu du Canada ?

Il essayait, y parvenait par endroits et échouait à d'autres, comme un animal en cage, s'efforçant toujours d'être libre, pas même certain où était vraiment la liberté.

Sa tentative de se lancer dans les affaires de la famille après ses études à l'université de McGill n'allait certes pas dans le bon sens. Après un mois d'études de droit, étouffant dans cette ambiance matérialiste bornée, il n'aspirait qu'à un peu d'air frais. En fin de cycle à l'université de Columbia, un professeur avisé lui suggéra – ce n'est pas comme ça qu'on devient un poète. Pourquoi ne pas mener une vie toute simple – un

technicien d'ascenseur prisonnier, captif, désespéré ! Grâce à une bourse du Conseil des Arts du Canada de deux mille dollars, il put partir sans problème du Canada. C'est ainsi que, quand je le découvris à Hydra, Leonard était un poète canadien en résidence. Ce n'est pas qu'il eut vraiment besoin d'être découvert. Il avait déjà publié quelques livres de poésie de qualité inégale.

En ce temps-là, la littérature canadienne s'efforçait de s'exprimer et d'être entendue. Cela supposait une combinaison d'indépendance, d'arrogance et de mannes gouvernementales. D'autres, comme Mordecai Richler, s'évertuaient à créer une œuvre qui ne soit pas qu'une pâle imitation des jeunes hommes en colère de Grande-Bretagne ou des intellectuels juifs rebelles des États-Unis comme Philip Roth. Mais cela s'y apparentait malgré tout. Dans le cas de Mordecai, trop en colère pour puiser la véritable richesse de ses racines d'où il tirait la vie. Il était très prometteur. Je me souviens d'une longue ballade avec lui à Londres, lui disant mon admiration pour *Son of a Smaller Hero*. Mais la décadence européenne et la colère tuaient dans l'œuf toute bonté qui semblait vouloir en éclore. Je trouvais qu'il ressemblait de plus en plus à un jardin de mauvaises herbes – si peu de beauté parmi sa magnifique offrande.

Leonard était plus fortuné, plus doux, plus rangé. Il avait besoin d'exprimer sa colère. Il refusa le Prix du Gouverneur Général du Canada pour la Littérature quand on le lui offrit. Et alors ? Son âme de poète en sortit intacte.

Il s'approcha très souvent du gouffre. Mais s'esquiva toujours à temps, peut-être grâce à sa tradition solide. Lorsqu'il me rendit visite dans mon appartement-terrasse au New York Village, il me dit que l'idée d'aller

travailler pour le *TIME magazine* le titillait. Le *TIME* signifiait la mort inéluctable à long terme pour tout véritable écrivain, sauf peut-être pour James Agee. Mais c'était comme pour les pur-sang : ils ont souvent une grâce naturelle et leur vie elle-même semble placée sous le signe de la grâce.

Dans les années soixante, il eut l'occasion de chanter quelques-unes de ses chansons au YMCA de la 92ème rue à New York, l'un des tremplins internationaux les plus importants pour les poètes – un lieu défriché par le Dylan imbibé d'alcool.

Son roman *Les perdants magnifiques* avait eu du succès au Canada. L'Office National du Film Canadien s'intéressa à lui et Donald Brittain, mon collègue talentueux, révéla ce que Leonard était prêt à révéler, un beau diable espiègle dans sa baignoire, baigneur et poète, pas encore chanteur.

Il faut dire qu'il avait de la chance avec son timing. À cette époque, le dimanche matin à la télévision était encore un créneau d'expérimentation et de découverte. WCBS à Manhattan avait encore une scène sans publicité réservée aux talents émergents. C'est ainsi qu'il chanta sa chanson sur Camera 3, avec son lustre épuré en noir et blanc. Pas de gaspillage d'argent dans la scénographie ou les costumes. Montre ce que tu peux faire – juste avec ton talent. Et c'est ce qu'il fit. Et puis, la main que Judy Collins lui tendit par respect se révéla d'un grand soutien. Son émission fut la plus populaire de toute l'histoire de Camera 3.

Et ainsi il échappa à l'obscurité du poète à audience confidentielle. La musique, sa musique, lui ouvrit un public à travers le monde.

Même le *New York Times* fut bien obligé de le remarquer. Le critique d'art influent John Rockwell lui présenta ses hommages à contrecœur. Dixit John Rockwell :

> Il y a beaucoup de choses qu'on peut ne pas apprécier chez Leonard Cohen, le poète et chansonnier canadien…sa voix possède une tessiture limitée, ses mélodies sonnent répétitives et son personnage est bien étrange – sa posture défensive élevée au rang de grand art, avec une imagerie carrément bizarre et un voile lugubre planant là-dessus.
>
> (Mais patience – c'est maintenant qu'arrivent baisers et compliments.) Et pourtant, ceci dit une bonne fois pour toutes, il est sacrément extraordinaire. Les paroles sont obsessionnelles mais elles ont la force de vers idiosyncratiques authentiquement imaginatifs. Les mélodies deviennent hypnotiques justement à cause de leur aspect répétitif, avec un lamento et une tonalité qui rappellent la musique médiévale et les anciennes harmonies folkloriques. Si la voix de Mr. Cohen est limitée en tessiture, elle est très expressive en nuances… Mr. Cohen semble avoir émergé dans les années mille neuf cent soixante, directement issu de la scène de folk américaine post-Dylan. Mais sa particularité, toute de sophistication aigüe, il la doit autant aux chantres des poètes beat et du Cabaret Européen qu'aux évangélistes du folk et du blues…
>
> Ses chansons sont pleines d'images variées, mais elles reviennent constamment à l'amour. Pas forcément le schéma le plus simple d'amour

> garçon-fille, même si cela semble être l'un de ses thèmes principaux, mais des amours plus anciennes et aussi des amours spirituelles. Le public a rempli la salle et n'a reculé devant aucun témoignage de satisfaction pour faire en sorte de revoir Mr. Cohen plus souvent.

Leonard fut vraiment le premier grand poète vaginal. Les femmes l'adoraient, voire le désiraient, ce chanteur de ballades de leur corps. Leonard avait créé un culte.

Et je l'aimais pour ça, mon pote d'Hydra, mon frère. Qui pouvait être indifférent – j'étais ravi de partager sa gloire toute neuve. Ils le couvrirent de leurs louanges maladroites, cherchant des comparaisons, parfois si extravagantes qu'elles en devenaient embarrassantes. C'est l'effet de Leonard sur les gens, vous savez. Il est tellement lui-même que ça vous fait perdre vos moyens.

Donald Henahan, le chroniqueur culturel du *New York Times*, le résumait ainsi :

> 'Sur une échelle d'aliénation, il se situe quelque part entre Schopenhauer et Bob Dylan, deux autres éminents poètes du pessimisme. En résumé, on peut dire qu'alors que Mr. Dylan est aliéné par la société et cela le rend enragé, Mr. Cohen est aliéné et cela le rend simplement affligé. La musique populaire nous doit depuis trop longtemps déjà une relève de la lassitude néo-Keatsienne et il se pourrait bien que Mr. Cohen soit son représentant cette saison-ci.'

C'est facile d'essayer de faire paraître Leonard et son succès faciles. Mais la vérité, c'est qu'il est aussi complexe qu'un poème. Ce qui peut sembler évident à première vue ne l'est pas, évidemment. C'est la raison

pour laquelle il a duré quand tant d'autres ont et vont disparaître. Et il n'est jamais aussi limpide que lorsqu'il chante : « Un chanteur doit mourir s'il ment dans sa voix. » Et idem du peintre en quête de la couleur idéale et de tout artiste s'évertuant constamment à rattraper Dieu, qui ne se laisse pas rattraper. Mais quelle joie d'essayer !

Les magazines de pop tentèrent de le couler dans un moule de pop star. Les magazines people titillaient leurs lectrices avec une photo de lui portant un masque à gaz suivie d'une demi-douzaine de pages pleines de poses romantiques. Le titre accrocheur annonçait : « Le visage ne vous est peut-être pas connu mais le nom devrait l'être : c'est le compositeur et héros culte Leonard Cohen. » Avec ce commentaire espiègle : « Plus ma voix sonne mal, plus elle est authentique. » Le rédacteur de l'article ajoute : « Une laryngite à Londres lors de sa récente tournée l'a envoyé chez un ORL pour un traitement par vaporisation. »

Et dedans, il y avait des portraits des femmes Cohen. Leonard, mon pote célibataire, s'était marié, ou tout comme. Il vivait avec une femme depuis neuf ans et ils avaient deux enfants ensemble. Je leur rendis visite à Montréal. Elle semblait hors contexte. Suzanne Elrod était une princesse de Miami Beach. Le prénom était correct mais tout le reste semblait faux. Beaucoup de femmes sanglotèrent quand elles apprirent que Leonard était pris. Mais c'était seulement passager. Quand ils se séparèrent, Leonard fit tristement son deuil des « habitudes de consommation Miami-style » de son ex-femme. Et pour tenter de se consoler, il déclara : « Mon seul luxe, ce sont des billets d'avion pour m'envoler où je veux quand je veux. Tout ce dont j'ai besoin, c'est d'une table, d'une chaise et d'un lit. »

Il s'assit et écrivit lui-même son accord de séparation.

Leonard était de retour mais amoché, ou peut-être enrichi. Il souffrait parce que son « mariage » était n'importe quoi. Mais son rôle de père interpellait les racines patriarcales profondes de Cohen.

Il ne pouvait échapper à ses croyances du Vieux Testament. Il n'en avait d'ailleurs pas envie. Je déroule tout ça en guise d'introduction. Et c'était peut-être évident et obligé que nous allions nous unir pour faire un film. Je l'aimais beaucoup et j'aimais sa compagnie. C'était réciproque. Je ne partageais pas la croyance des critiques quant à son mal-être existentiel. J'étais séduit par son indéfectible croyance en l'amour. Sa conscience spirituelle faisait que je me sentais chez moi à ses côtés.

J'avais fait des films sur les esprits les plus créatifs de notre siècle, comme l'écrivain de théâtre Tennessee Williams et le peintre Marc Chagall. Pourquoi pas mon camarade Leonard Cohen ?

J'avais eu auparavant une expérience dramatique en filmant un autre chanteur – Bob Dylan. Le temps était maintenant venu de tenter un film avec Leonard. En étais-je capable ? Je ne pouvais pas l'envisager à la légère ou sans appréhension. Il y avait pourtant une différence cruciale : je connaissais Leonard, nous avions expérimenté ensemble dans nos jeunes années. Et ce film présenterait un chanteur qui chantait sur l'amour, pas sur une impitoyable colère. Je n'avais aucun doute sur ses qualités humaines, sa foi, sa tradition et son intégrité personnelle. C'est vrai, Leonard avait eu sa période de rejet contre le système, lui trouvant des

failles majeures, mais il avait aussi l'intelligence de comparer mes théologies.

Il avait voyagé en pionnier à Cuba. Il était allé à Cuba pour soutenir Castro pendant l'épisode de la Baie des Cochons. Là-bas, l'aventure se transforma en mésaventure communiste. Il fut arrêté sur le point de partir, mais, on ne sait pas vraiment comment, réussit à échapper à ses gardes et monter à bord d'un avion à destination de Miami. Je découvris au cours de la réalisation du film *Cuba et Castro aujourd'hui* que c'était un endroit perdant-perdant, avec un système perdant-perdant. Tout semblait tellement simple quand je visitais l'île avec le Líder Máximo, mais dès qu'il n'était plus à portée de vue, les fusils se braquaient sur moi. Du vrai Kafka.

Comme pour toutes les aventures de Leonard, pas forcément plaisantes, il en est sorti une poème-chanson :

Parachutant du LSD dans les cocktail party diplomatiques
Pressant Fidel Castro d'abandonner fiefs et châteaux
et comme un homme, de tout quitter
Rentrer vers rien de particulier
Et des suicides comme solution miracle
Et des marées d'océan du Messie
Et des montagnes russes raciales
Et d'autres formes d'ennuis
énoncées comme poésie.

Je sais que tu dois dormir maintenant,
Et je sais que la vie t'a offert peu de répit,
Mais beaucoup d'hommes tombent pourtant
tu devais monter la garde, tu l'avais promis.

Je ne l'ai jamais demandé, mais l'on m'a chuchoté
que tu décris ton sort comme les malheureux
et par quel hasard ai-je surpris ta prière d'être ça
et rien de plus
qu'un chouchou d'une femme fidèle et obligée,
un chanteur millionnaire
L'archange de l'envie
et l'épicier du désespoir
œuvrant pour le Yankee Dollar.[1]

J'aime bien ce que le critique Paul Nelson a écrit il y a vingt-cinq ans dans *Rolling Stone* à propos de Cohen à ses débuts mais déjà en constante évolution – toujours fidèle à lui-même, quel que soit le prix à payer :

> 'Sa solitude, qu'il semble toujours traîner partout avec lui – même sur scène – était, d'une certaine façon, bien plus touchante que la réception enthousiaste que fit le public à son œuvre. Le poète russe Joseph Brodsky a écrit : « Hélas, à moins qu'un homme soit capable d'éclipser le monde, il ne lui reste plus qu'à faire pivoter un cadran crénelé pour composer un numéro dans

1. Parachuting Acid into diplomatic cocktail parties/ Urging Fidel Castro to abandon fields and castles/ Leave it all like a man/Come back to nothing special/ And silver bullet suicides/ And Messianic ocean tides/ And racial roller coaster rides/ And other forms of boredom advertised/ as poetry. /I know you need your sleep now, / And I know you life's been hard/ But many men are falling where you/promised to stand guard. / I never asked, but I heard that you cast/ your lot along with the poor/How come I overheard your prayer that /You be this and nothing more/ Than just some grateful, faithful/ Woman favorite singing millionaire/The patron Saint of envy and the/ Grocer of despair/Working for the Yankee Dollar.

> une quelconque cabine téléphonique, comme on peut interroger une planche Ouija, jusqu'à ce qu'un fantôme réponde, reprenant en écho les derniers mots d'une sonnerie dans la nuit.»'

Peut-être bien que Leonard Cohen était ce fantôme-là.

Comment capturer un fantôme ? Avec mon équipe au grand complet, j'étudiai tous les films réalisés sur des chanteurs en tournée, y compris un récent du réalisateur Martin Scorcese. Je discernai leurs qualités ainsi que leurs innombrables défauts. Faire ce film s'apparentait à se préparer pour une bataille. J'exigeais une coopération absolue : la musique, les hommes devaient se synchroniser parfaitement.

Puis le moment arriva de rencontrer Leonard et de lui proposer le projet. Ce fut un rendez-vous compliqué. Nous avions prévu de dîner au Toronto Courtyard Café dans l'hôtel Windsor Arms. Nous échangeâmes nos appréhensions mutuelles sur la question de trouver le fantôme.

En ce qui me concernait, je venais juste de passer une radio pour un ulcère à l'estomac. Peut-être que c'étaient tous ces souvenirs de Dylan qui revenaient me hanter. La radio afficha une vaste zone sombre, ce qui me fit monter la panique au cœur. Je dis à Leonard que j'étais prêt à mener ce projet jusqu'au bout, dussé-je en mourir.

Comme à son habitude, Leonard fut prévenant et consolateur et me rassura : «Harry, il n'y a pas de problème, tu ne vas pas mourir.»

Comme nous étions penchés l'un vers l'autre, deux Juifs aux yeux tristes au Courtyard Café, deux jeunes femmes surgirent : «Mr. Cohen, nous sommes raides dingues de vous... de votre musique. C'est vraiment

vous ? Je n'arrive pas à y croire, attend un peu que je le dise à tout le monde. »

Je suggérai à la jeune femme suave et toute excitée, aussi poliment que possible, de nous laisser tranquilles car j'étais persuadé d'être en train de crever. Elle me répondit du tac-au-tac : « Et alors, qu'est-ce que ça peut bien nous faire ? » Puis, changeant de ton de voix en une fraction de seconde, timidement, à Leonard : « Oh, s'il vous plaît, juste une photo ensemble. C'est tellement génial. »

On me laissa agoniser dans mon coin le temps que l'hommage, passage obligé, soit fini – un rituel que je verrais se répéter à bien des occasions dans bien des endroits. Et Leonard le pudique aux yeux tristes restait poli comme à son habitude.

Alors qu'elles s'éloignaient en gloussant à travers la salle bondée, Leonard revint à notre conversation interrompue.

« Si tu es sûr de vouloir faire un film sur un homme qui est déjà probablement fini, on peut essayer. » On décida d'essayer.

Leonard était en proie au chagrin insondable de sa séparation. Il ne voulait pas être père à temps partiel. Il se faisait tous les reproches, pas un commentaire sur sa femme bohème. Pas là. Mais plus tard, il raconterait l'histoire sous différents angles dans des poèmes et des chansons.

Il me semblait qu'un écueil à éviter était la tentation de la facilité – chercher une recette simple pour analyser cette icône que Leonard était devenue, d'un poète obscur sur une île grecque à l'esprit chantant sensible que les fans voulaient toucher et avec lequel moult dirigeants de ce monde se sentaient des affinités

privilégiées. On disait qu'il était le chanteur préféré de deux présidents français. Un critique allemand de renom déclara : « Il est l'incarnation des désirs inassouvis et des questions sans réponse de la jeune génération. »

Un critique de Toronto, William French, annonça après une interview, « pourtant, même aujourd'hui, il a encore l'air mélancolique et vulnérable, détenteur d'une triste sagesse secrète à laquelle nous n'avons pas accès. C'est l'une des raisons pour laquelle les femmes se sentent attirées par lui, cette connaissance de lieux cachés et de plaisirs secrets. »

Peut-être, ça se pourrait bien. J'avais décidé depuis le début que le film que je ferais n'aurait pas de commentateur, pas de narration à la troisième personne. Cela se déroulerait à la manière d'une chanson, comme un concert d'émotion. D'abord, il y aurait la collecte de conversation, publiée ici comme elle a eu lieu, commençant avec une interview approfondie à Montréal. Il avait alors établi le noyau de sa vie, ses racines, à un endroit où il n'avait physiquement aucune racine, dans un appartement à l'est de « The Main », le boulevard Saint Laurent, sa propre solitude entre les deux solitudes du Montréal francophone et du Montréal anglophone. Autrefois, c'était un quartier juif, mais maintenant, il est composé d'un brassage d'immigrés.

L'ironie de l'évolution de sa situation géographique n'avait pas échappé à Leonard. Mordecai Richler avait grandi au coin de la rue et s'était battu pour se faire un chemin jusqu'au firmament doré de Westmount, le quartier cossu de la classe moyenne en ville. Et Leonard, qui était né dans le Westmount des privilèges, trouvait un genre de sérénité dans la promiscuité des logements exigus de son nouveau lieu de résidence.

L'appartement en lui-même avait la blancheur profonde d'Hydra. On avait l'impression qu'un rouleau venait à peine de tout recouvrir de blanc. Une brise fraîche faisait onduler les rideaux blancs en dentelle de part et d'autre de l'encadrement de la fenêtre. Et donc, c'est sur le bureau imposant de Leonard que nous avons commencé, un début branlant. Ma faute.

Mais je me tourne vers la transcription, que je garde depuis vingt ans, même si c'est un peu embarrassant pour moi.

« Bien, quelle est la chose la plus importante pour toi ? »

« C'est une question difficile. »

« De sentir que tu as communiqué une idée ? De sentir que tu as vécu une belle vie ? Je ne fais que suggérer tout un tas de choses, ok ! » Et donc la question pompeuse suscita la réponse taquine, ce qui était à prévoir.

Esprits de Bob Dylan, n'apprendrai-je donc jamais ? Mais avec le recul, tout ce qu'on peut dire, c'est qu'à ce moment-là, Leonard se montra extrêmement poli avec un interviewer maladroit.

« Dis donc, c'est une sacrée question pour un lundi matin, » répondit Leonard magnanime. « Je pense que, d'une certaine façon, la chose la plus importante est d'aller à la gym quatre ou cinq fois par semaine. Vraiment, je n'essaie pas de faire de l'humour, mais je pense que grâce à ce sentiment de bien-être on développe un point de vue correct. Et c'est ce que j'aimerais faire. »

J'essayai de jouer le jeu, même si je n'étais pas très sûr de ce que c'était.

« Ok, donc tu dis que ce qui est très important, c'est ce pourquoi tu es en vie. D'avoir un corps qui fonctionne, d'accepter tout ce qui vient à côté, c'est ça ? Ouais ? »

Cela provoqua une réponse d'un seul mot.

« Ouais. »

Retente ta chance.

« Afin de pouvoir être complètement impliqué dans ton environnement d'une façon qui soit en même temps physique et mentale, c'est ça ? »

Leonard me lança un regard triste, se demandant probablement dans quoi il s'était fourré.

« Donc tu n'es pas complètement impliqué dans ta propre maladie. »

«Tu as intérêt à m'expliquer ce que ça veut dire,» je répondis.

« Et bien, il y a un type de réflexion qui va avec ce type de position, ce type de posture et tu sais, après avoir nagé pendant un kilomètre, tu as une vision très différente des choses. »

(En tant que nageur, je pouvais comprendre, mais j'essayai de ramener la conversation sur un terrain plus gérable.)

« Ok, je comprends. Mais par exemple, en termes de relations humaines. Tu as eu des hauts et des bas, des problèmes, mais j'ai comme l'impression que ton nouvel album est un reflet d'un genre de – je croyais presque l'entendre – on dirait presque un genre d'émancipation. Je ne sais pas si c'est vrai ou pas, de délivrance. »

Comme récompense, j'eus droit à un demi-sourire. « Ça, c'est bon. C'est ça. »

Je me débattais.

« Mais est-ce que du coup tu ressens plus… attends je reformule… est-ce que c'est important d'aimer le monde entier ou plutôt une seule personne ? »

Cela libéra un torrent d'idées qui ne tarit pas pendant plusieurs semaines de tournage. Il commença par une réfutation.

« Ce n'est pas comme ça que je vois les choses… je ne les vois pas comme ça…oh, je ne sais même pas comment l'exprimer. Je veux dire que l'un n'exclut pas l'autre – je n'ai pas, non je n'ai pas cette constellation de pensées, de une personne ou le monde entier ou ce qu'on doit faire, ou ce qu'on ressent. Non… ça sonne trop comme un programme. Je pense qu'il existe des écrivains qui ont ce genre de programme idéologique. Des bons écrivains, ils ont probablement ce genre de programme idéologique et aussi un tas de très mauvais écrivains et c'est ce qui se passe quand tu deviens ton propre bureaucrate et tu définis pour toi-même ce qui est convenable comme sujet ou mode d'expression. Tu sais, les cadres de la censure ne sont jamais au chômage. Ce n'est pas comme ça que j'ai fait. Jamais. Et… je ne sais pas. Irving Layton a dit un truc gentil sur moi un jour, il a dit un truc du genre que mon cerveau n'a jamais été contaminé par une pensée unique. Ce n'est pas que j'ai des tonnes d'idées sur les choses ou sur comment elles devraient être. »

« Ok. Irving Layton a été important pour toi. » Leonard semblait beaucoup plus à l'aise avec ce nouveau sujet.

« C'est un ami proche. Et tu sais combien il compte comme personnalité, comme esprit dans ce pays. Au-delà de mon amitié pour lui, j'évalue ce qu'il représente, dans ce pays, à savoir une source intarissable

de vitalité. En tant qu'ami, bien sûr, tu ne vois plus les gens dans ces termes grandiloquents et tu jouis simplement de cette amitié qui te nourrit. »

Je voulais revenir à l'idée des idées. « Mais ce qu'il a dit sur toi, au sujet de ne pas avoir une seule idée sur quelque chose, est-ce que ça signifie… tu penses… que peut-être ce qui t'intéresse davantage, ce sont les fragments d'émotions, de choses, et que c'est dur à mettre en mots. Que ta préoccupation est dans le détail des émotions ? »

Leonard répondit d'une manière qui me parut à ce moment-là déroutante.

« Je ne crois pas avoir de préoccupation. J'en ai probablement une, mais je ne pense pas agir mû par un sentiment de préoccupation. Quand tu prends de l'âge, ta vie s'établit dans certains domaines et ton travail devient plus évident et les défis posés par ton travail lui-même déterminent la majeure partie de ton activité. Autrement dit, je sais que je veux écrire des chansons. Je ne peux pas analyser pourquoi je veux écrire des chansons ou ce qui m'a poussé à écrire des chansons. Je pourrais développer tout un tas de constructions mais une fois que tu sais que c'est ça que tu fais, tu te mets à ce travail avec toute l'énergie qu'il faut, tu dois en être un bon gardien et tu dois alimenter la mémoire des techniques et procédés de ton art. Mais la plupart des ressources rigoureuses que tu dois garder à ta disposition, cela s'intègre peu à peu dans la nature de ton travail. Autrement dit, tu ne veux pas te retrouver dans une situation où tu ne peux pas puiser dans ton expérience. »

J'embrayai de nouveau sur un autre terrain.

« L'été, tu vas faire cette retraite, pourquoi est-ce que tu fais ça ? »

« Ça fait quelques étés que je fais ça, j'ai comme l'impression que si tu t'arrêtes pendant un mois ou deux, chaque année ou même une semaine… et… je sais pas pourquoi je le fais. »

« Ok, j'imagine que ce que j'essaie de comprendre, c'est : est-ce parce que tu trouves ça difficile d'avoir cette paix intérieure dans la routine quotidienne que tu as besoin de te retirer pour trouver cette tranquillité d'esprit, ou est-ce que je suis complètement à côté de la plaque quand je te pose cette question ? »

«Je ne sais pas, ça se pourrait, mais pas vraiment. Le but, ce n'est pas d'avoir une tranquillité d'esprit. »

J'avais décidément beaucoup à apprendre du fonctionnement de mon ami. « C'est quoi, le but ? »

« Eh bien, je ne sais pas vraiment ce que c'est le but, quand j'écris un poème ou que je suis assis seul quelque part, mais je ne pense pas que ce soit la tranquillité d'esprit. Je pense que c'est beaucoup plus rigoureux comme activité. C'est plus comme du ménage que de la méditation. Quand on pense méditation, on pense un truc comme quelqu'un en tête à tête avec Dieu, mais ces instants que j'ai dans ce genre d'activité – je ne parle pas de méditation formelle, mais juste me retirer quelque part, ce sont…. cette activité est rigoureuse. »

« Aide-moi à comprendre, » je le suppliai presque.

«Je veux seulement dire… j'ai juste dit ça pour bousculer un peu la vision conventionnelle de ce qu'est une retraite. Ou des facteurs, quels sont les facteurs qui l'emportent quand quelqu'un s'arrête pendant une semaine ou deux et essaie d'établir des nouvelles bases avec lui-même. »

« Et est-ce que tu as Dieu en tête, quelque chose comme le vieil homme que tu as étudié avec la barbe et la bible de ton enfance ? »

Il essaya d'esquiver ce type d'interrogatoire.

« Parfois », dit-il.

« Et parfois ? » j'insistai.

Il ne me loupa pas, comme il se devait.

« Parfois non. Parler de Dieu est notre droit bien sûr et on a aussi le privilège de parler de Dieu d'une façon objective. Tu connais Dieu et cela satisfait les inclinations pour le culte et la soumission, ce sont des inclinations tout à fait légitimes de la nature humaine mais elles viennent du registre sujet/objet. En d'autres termes, on est ici et le Dieu tel que nous le concevons est là-bas et c'est notre perception ordinaire du système et ça aussi, c'est légitime. Mais il existe d'autres circonstances dans lesquelles on n'a pas cette relation sujet/objet. Cela se dissout et on fait l'expérience de soi comme contenu de tout ce qui arrive. Et c'est cela que certains appellent Dieu. C'est juste un autre type d'expérience où il n'y a ni sujet ni objet. Mais dans les conversations ordinaires et les activités de cérémonies ordinaires pour lesquelles nous avons aussi des inclinations, le Dieu objectif est un dispositif satisfaisant qui satisfait nos inclinations humaines. »

Je ne savais plus quoi dire. Je me sentais comme Jacob luttant contre les anges. J'offris ma reddition. « Ok, ça me va. »

Pardon.

[Coupé du film]

Et juste à temps – parce que ça partait mal. On reprend tout du début.

Pas un seul des mots ci-dessus n'a été utilisé dans le film. Il était encore trop tôt pour commencer à chercher Dieu. Pas à pas, pas à pas, et effectivement, cette question est cruciale pour *The Song of Leonard Cohen*. Adoptant une approche plus terre-à-terre, plus pragmatique… nous nous déplaçâmes vers le balcon de derrière dans son appartement du troisième étage.

« Qui est-ce qui vit par ici ? » je demandai, soulagé d'avoir bougé physiquement et mentalement.

« C'est Hazel qui vit là-bas. »

Leonard fit un petit signe enjoué en direction du balcon d'à côté.

« Hazel, lève-toi. » Il brailla vers une fenêtre fermée.

Je voulais en savoir plus sur le voisinage.

« Et dessous, qui est-ce qui vit dans l'appartement au-dessous ? »

« Mr. et Mme Deluca. Et leur fille Angela. »

Avec délectation, Leonard fit l'étalage de son savoir sur les gens du voisinage.

« Sur ce balcon, il y a une dame polonaise. Elle sort tous les matins à six heures. Jusqu'à l'an dernier, il y avait un hangar ici, elle coupait elle-même son bois tous les matins. »

« Bon, pas mal de gens pourraient dire pourquoi veux-tu vivre au-dessus de ces baraques et ces vieux balcons ? »

Une fois de plus, il me tourna en bourrique. Mais pas forcément.

« Pas tant de gens que ça. » Le soleil venait de se lever.

Leonard prit son magnétophone portatif qui contenait sa dernière cassette et je lui demandai de la jouer.

« Ouais, le début est plus fort que le milieu, je sais pas pourquoi, donc je vais baisser un peu le volume. »

Il récita les paroles en français…

Un Canadien errant
Banni de ses foyers
Parcourait en pleurant
Des pays étrangers.
Un jour, triste et pensif,
Assis au bord des flots,
Au courant fugitif
Il adressa ces mots :
« Si tu vois mon pays,
Mon pays malheureux,
Va dire à mes amis
Que je me souviens d'eux.

Puis Hazel qui escalade de sa fenêtre pour nous rejoindre. C'était un moment très rive gauche. Hazel Field était une jeune photographe et une admiratrice de Leonard.

« J'aimerais bien ce café Hazel, grimpe et viens me l'apporter. »

« C'est très instrumental. Ici… »

« Merci beaucoup Hazel, viens et amène Alfie. »

Hazel fit son entrée avec son chien Alfie.

« Est-ce que tu te sens comme cette personne dans la chanson *Un canadien errant*…Qu'est-ce que tu en penses ? »

« Un peu. »

Ô jours si pleins d'appas,
Vous êtes disparus...
Et ma patrie, hélas!
Je ne la verrai plus.

«Et pourquoi une chanson canadienne en français?» J'étais curieux de savoir.

Cela deviendrait après-coup un début fantastique pour mon film.

Leonard, toujours en quête, loin de chez lui, même quand il était chez lui. Cette vague dimension – partout et nulle part – le même endroit. Puis vint l'un de ces moments documentaires merveilleux – l'équipe doit toujours être prête à les saisir. Ils ajoutent réalité et spontanéité. Irving Layton, le mentor de jeunesse de Cohen, le poète oral pionnier, frappa à la porte et cria d'en bas, une blonde superbe à ses côtés. Leonard tenait salon. Layton vêtu d'un costume rayé vif appela de la rue.

«Leonard, tu es là? Ouvre cette porte. Combien de temps dois-je encore frapper à cette porte, mais qu'est-ce que tu fous d'ailleurs?»

Layton, poète professionnel et extraverti, était arrivé. On lui jeta une clé en bas et Irving fit son entrée et la fête des poètes commença. C'était un régal à contempler, ces deux générations s'amusant ensemble – un prodige de plaisirs. Irving compensait largement la timidité caractéristique de Leonard. Leonard présenta son ami survolté : «Irving est toujours comme ça.»

Je suggérai qu'ils continuent comme si l'équipe de tournage n'existait pas et c'est ce qu'ils firent.

«Je trouve ça intéressant que vous parliez de ce que chacun de vous a fait. Tous les deux.»

(Et donc ils improvisèrent un échange qui devint une séquence du film.)

Leonard n'est pas très à l'aise pour faire la conversation.

« Qu'est-ce que tu deviens Irving ? »

Irving semblait toujours être en représentation, avec le monde comme scène.

« Qu'est-ce que je deviens ? Je cherche les ennuis. Je vais et je viens, ce sont quelques-uns de mes vers immortels, je vais et je viens me jetant dans les ennuis, les étincelles volent, je les attrape et j'en fais un poème. Et j'imagine que tu fais la même chose. Avec ton style, ton style à toi inimitable. Tu fais la même chose, tu cherches les ennuis. »

Leonard était amusé par son camarade de mots.

« Ouais Irving, tu sais, tu me disais toujours ça : "Leonard, tu es bien sûr de faire ce qu'il ne faut pas ?" »

« Oui, c'est mon truc favori. Leonard, tu es bien sûr de faire ce qu'il ne faut pas ? Oui. Tu en es de plus en plus sûr en prenant de l'âge, vrai ou pas ? »

Leonard voulait en savoir plus sur le récent bouleversement géographique dans la vie de son ami.

« Vrai. Hé, je voulais te demander au sujet de ton déménagement à Niagara ? Comment tu trouves ça là-bas ? »

Irving devint subitement extatique. « On pourrait croire que c'est sinistre, mais c'est génial. »

« C'est génial ? »

« Magnifique. »

« ...là-bas ? »

« C'est plein de vergers, de vignobles et de WASP[1]. Vraiment la combinaison idéale. En fait, j'ai déjà écrit mon premier poème anti-Niagara-sur-le-lac et ça s'appelle *L'homme parfait*. Il y a un endroit qui s'appelle « Le paradis du beurre », rien que le nom te dit tout déjà, et c'est là où les mémés WASP aux cheveux blancs joues rosies se retrouvent autour d'un thé et de muffins et c'est l'équivalent grotesque du café en terrasse méditerranéen. Tu sais comment à Rome ou Milan ou dans n'importe quelle ville italienne, tu as partout des gens qui boivent du vin et discutent de manière très animée. Essaie de t'imaginer ces mémés WASP avec leurs cheveux blancs, leur visage rosi, les joues ridées comme des vieilles pommes autour de leur thé et muffins, n'élevant pas la voix au-dessus du registre d'un murmure et de temps à autre, un personnage clérical qui passe la tête juste pour vérifier que le décorum est bien maintenu en permanence comme elles.... »

Cohen et Layton aimaient les joutes verbales – maître et élève. Leonard sourit : « Je pense que ça me plairait comme endroit. »

Irving était ravi de jouer les hôtes. « Tu es le bienvenu, et donc j'ai écrit ma première tirade contre Niagara-sur-le-lac et c'est le début d'un grand.... »

Leonard interrompt avec un « Ça a l'air paisible » un tant soit peu moqueur. Layton adorait l'art de la fanfaronnade.

« Ça ne prendra pas longtemps après qu'ils aient lu mes poèmes, ce que j'espère tu sais pourquoi je le fais, regarde... tu peux le faire toi aussi, pourquoi pas, tu es

1. Acronyme pour White Anglo-Saxon Protestant, un peu l'équivalent américain du beauf français (NDT)

un bon ami, tu es un bon garçon juif, tu veux gagner un dollar, je vais te dire comment. Tu vois, donc j'ai acheté une maison. Et je suis là, j'ai publié mes poèmes et je les ai lus à voix haute et ce sont vraiment des poèmes vicieux, féroces que j'écris en ce moment. Alors tu verras, en fin de compte, dans six mois à peu près ils viendront et ils m'offriront trois fois le montant que j'ai payé pour que je m'en aille.»

«C'est un bon moyen de se faire de l'argent.» Leonard encourageait le fantasme loufoque de son ami. «Et ensuite, tu iras à Stratford et tu feras la même combine.»

«C'est ça, je pense que ça pourrait marcher dans un tas de villes de l'Ontario.»

La discussion accoucha d'un méchant calembour.

«... comme Niagara-sur-le-lac, ils le changent en Négro-sur-Layton[1] et là tu peux aller à Stratford.»

Irving essaya de protester bien entendu. «Je peux m'imaginer des choses plus agréables couchées sur Layton que le Niagara, pas toi ?»

«Bon bref, le poème, si ça t'intéresse, imagine...c'est moi qui imagine la véritable histoire de la résurrection. Si seulement l'histoire de la résurrection était vraie. Et toi et moi, on pourrait aller ensemble au «Paradis du beurre». Pour discuter de l'érection parfaite que tu as montrée à Jacques et Judas pendant que les dames aux cheveux blancs et aux joues ridées de vieilles pommes et le pasteur local se tordront le cou pour tendre

1. Jeu de mot sur Niagara, qui se prononce en anglais presque comme Nigger (nègre, négro) (NDT)

l'oreille. Tu vois, je suis sûr que Niagara-sur-le-lac ne sera plus jamais pareil après ça, vrai ou pas ? »

Leonard applaudit verbalement.

« Vrai. »

Irving voulait tenir son public tant qu'il était sous les feux des projecteurs.

« Donc voilà, c'est mon fantasme. Entre autres fantasmes…Il t'en vient des tas quand tu te ballades là-bas. C'est une bonne idée d'y aller. En fait, la responsabilité est si écrasante, Leonard, qu'il te vient tout un tas de drôles d'idées, comme cette théorie que j'ai. Je sais pas si je t'ai déjà parlé de cette théorie. J'ai cette théorie que ce que les gens appellent la sénilité… tu sais, j'ai une sœur qui est sénile, et c'est pour ça, tu connais le poème *Ma sœur sénile serine*…ah, c'est un poème que tu dois connaître. C'est dans mon prochain recueil, c'est l'un de mes grands grands poèmes. »

Toujours respectueusement taquin envers son cher aîné, Leonard joua les faire-valoir, comme il se devait.

« On m'en a parlé… »

Et Irving continua son show.

« Après ce poème, tu peux oublier Shakespeare et Chaucer. C'est l'un des grands poèmes de la littérature anglophone. Tu sais, je suis modeste, mais ça se sent, ce genre de choses. Eh bien donc ma sœur serine, elle passe son temps à chanter comme un oiseau…Quand tu la vois… c'est comme mon frère Harry, il est allé jusqu'en Californie pour lui rendre visite et elle l'a salué juste comme ça, en fait, elle ne l'a pas reconnu. Elle passait son temps à chanter, et quand je suis allé lui rendre visite, elle chantait aussi tout le temps. Et alors ça m'est venu que la véritable explication pour

la sénilité, ce n'est pas ce qu'on avance traditionnellement, c'est-à-dire les cellules du cerveau qui ne sont pas suffisamment oxygénées. C'est dans la sénilité qu'on assume enfin la personnalité qu'on a réprimée toute sa vie. Ma sœur avait toujours voulu être chanteuse ! Elle avait une voix magnifique, et si elle avait eu des parents un peu plus riches et un peu plus perspicaces, elle aurait pu devenir une grande, une très grande soprano. Et c'est pour ça qu'elle chante, parce que la véritable Esther, qui n'a jamais eu l'occasion d'éclore, de s'épanouir dans ce monde est en train de montrer son vrai visage.

Leonard versa la potion de la poésie.

« Qui veut du vin ? »

Et le rituel fut respecté. Après que le maître ait pavoisé, c'était maintenant au tour de la jeune star de montrer son travail.

« Aspirine ou peu importe. Où est notre demoiselle du vin ? »

« Non, ça ne me plaît pas. Ne dis pas "notre demoiselle du vin". »

Leonard n'aimait pas cette référence chauvine à Hazel qui servait le vin.

Irving était sur ses gardes.

« C'est du vin de notre pays ? »

« Tout-à-fait, je suis un nationaliste. Un patriote. »

Irving dégusta la bouteille fraîchement ouverte avec une petite grimace.

« Mouais, c'est pas du champagne. »

« Où est ton verre, Hazel ? »

Leonard servit un verre de vin, le premier d'une longue série, c'était la parade des poètes.

Maintenant, c'était le bon moment.

«Tu veux écouter une chanson, Irv'?»

«Leonard, j'adorerais écouter tes nouvelles chansons. Tu vas m'en jouer quelques-unes?»

Il amena son magnétophone portatif et joua son nouvel enregistrement.

«J'en ai une ici.»

«On dirait que tu en as même plusieurs. Commence au commencement.»

«C'est juste une chanson, Irving.»

«Quoi, tu ne vas pas me laisser écouter plus d'une seule chanson?»

L'humeur changea avec la musique. Il était évident que Layton s'extasiait sur des talents qu'il admirait, voire enviait. Le poète était aussi un compositeur. Là, on pouvait entendre la féérie de la musique combinée au poème.

«C'est magnifique, vraiment vraiment magnifique.»

La mélodie emplit la pièce. Irving était sous le choc. Béat d'admiration.

«C'est la plus belle chose que tu aies jamais écrite.»

La blonde taciturne fit son unique intervention auprès du couple de poètes.

«Splendide.»

Je décidai alors de pointer mon interrogatoire vers le maître, vers Layton. Je demandai à Irving, qui semblait toujours très à l'aise pour exprimer son point de vue :

«J'aimerais vous poser une question. Aujourd'hui est une belle chaude journée montréalaise pour des gens venant d'autres endroits du monde et du Canada. Pourquoi pensez-vous que les écrivains exceptionnels d'une certaine époque viennent de Montréal, je fais référence aux esprits poétiques comme Leonard Cohen, le sujet de ce film, Mordecai Richler, le poète A.M. Klein et Irving Layton, qu'est-ce qui a provoqué cela ? Puisqu'il se trouve que vous êtes là justement, je serais vraiment curieux de vous entendre sur ce point.»

Irving se réjouissait d'avoir les feux des projecteurs braqués sur lui. Il dit, avec un sourire d'aise :

«Personnellement, je ne peux m'empêcher de remarquer que ces quatre écrivains sont tous juifs, c'est un facteur important et cela amène la réponse que je veux donner. Ici, à Montréal, il existait une communauté juive très homogène, chose qui n'existait pas par exemple à Toronto. Non seulement homogène, mais aussi très consciente de soi, très lucide. Il existe une communauté juive à Toronto, il y avait et il y a toujours des communautés juives à Winnipeg et Regina etc. Elles sont peut-être tout aussi homogènes, mais elles ne possèdent pas cette conscience de soi. Nous, nous venions d'un style de vie juif ou d'un milieu juif qui était homogène, dynamique et aussi conscient de soi. Mais il y avait un facteur supplémentaire. Il devait y avoir trois solitudes, et c'est ce qui existe à Montréal. Il y avait trois ghettos, il y avait trois peuples, les anglophones, les Canadiens francophones, et les Juifs et ils s'épiaient les uns les autres par-dessus les murs. Les Juifs, qui, vous le savez, ont toujours été doués pour l'anxiété, avaient davantage conscience des Canadiens francophones et des Canadiens anglophones, que par exemple les Italiens ou les Portugais, qui constituent

aussi une minorité. Mais les Juifs, de par leur longue tradition de persécution, d'angoisse et de souffrances, ont particulièrement aiguisé leur sensibilité. Et donc, de cette sensibilité et cette souffrance et cette angoisse et cette solitude sont nés les écrivains, Mordecai Richler, A.M. Klein, Leonard Cohen et moi-même. Et il y a eu aussi Henry Moscovitch, et un Seymour Mayne et bien d'autres. La voilà, l'explication.»

Comme Layton avait pris ma question au sérieux, je lui demandai de développer son analyse. «Mais les thèmes sur lesquels ils écrivent ne sont pas forcément des thèmes juifs, et leur écrits ont des résonances universelles et internationales, comment expliquer cela?»

Irving s'étira, avala un autre verre de vin et lança l'explication :

«Ah mais en fait, la réponse est qu'ils n'ont pas besoin d'être juifs, spécifiquement juifs. Ce qu'on a là, c'est ce don pour l'anxiété et la douleur et l'aliénation et la solitude, ce qui est devenu très contemporain. C'est devenu universel. À vrai dire, c'est le monde qui est devenu juif. Vous voyez, au sens où nous sommes tous menacés d'extinction. Il y eut un temps où le Juif tout spécialement se sentait menacé, il redoutait qu'il y ait un pogrom, qu'il y ait un holocauste, d'ailleurs il y a eu un holocauste. Autrement dit, sa vie était en danger. Aujourd'hui, tout le monde rattrape le Juif, la vie de tout le monde est en danger, non? Avec ça, le risque d'un holocauste nucléaire augmente, et personne ne se sent en sécurité. Personne ne se sent heureux. Et ça, c'est juif. Ne pas se sentir en sécurité ni heureux, c'est être juif. C'est pour ça, tous ces écrivains ont exprimé l'aliénation, la douleur, l'angoisse, et la peur, ce que tout le monde ressent aujourd'hui.»

Je voulais ramener l'attention sur Leonard qui était assis sereinement, se régalant d'écouter son ancien maître.

J'aiguillonnai Layton : « Ok, vous étiez l'un des tout premiers mentors de Leonard. Qu'est-ce que vous aviez vu en lui, dans son œuvre à ses débuts qui vous séduisait et vous faisait penser que cette voix était une voix importante ? »

Layton mit un point d'honneur à me contredire comme à son habitude : « Objection, je n'ai jamais été un mentor. »

« Ok. » Je voulais continuer à entretenir le dialogue – Layton poursuivait, comme un vieux Juif discutant du Talmud.

« Objection, je dois corriger cela. Leonard était un génie à la minute où je l'ai rencontré. Je n'ai rien à lui apprendre. J'ai à ouvrir des portes, ce que j'ai fait. J'ai ouvert des portes pour tous les écrivains plus jeunes. Il est bien probable que ces portes auraient été ouvertes par Leonard lui-même. Mais du simple fait que j'étais plus âgé, j'ai ouvert les portes de l'expression sexuelle, de la liberté d'expression etc. etc. Une fois les portes ouvertes, Leonard s'est engagé dans ce chemin en toute confiance, un chemin et une voie assez différents des miens. Mais je n'ai jamais été son mentor. J'aimerais pouvoir le prétendre, mais je ne le peux pas. Cet honneur ne me revient pas, il ne revient qu'à Dieu. »

Layton chérissait la comparaison. Il s'en délectait.

Je ne pus m'empêcher de demander : « Est-ce que cela vous arrive de souhaiter… mettre vos propres poèmes en musique. Cela semble un moyen d'amener des poèmes au-delà de certaines frontières. Ces frontières semblent enfermer les poètes dans une certaine zone.

Alors que l'addition de musique semble leur permettre de s'étendre à de nouveaux horizons.»

Layton médita sur la muse et ses nécessités.

«Eh bien, Leonard était assez sensible, je pense, pour voir il y a quinze ou vingt ans que quelque chose était en train de se passer avec la poésie et il ne voulait pas que ses poèmes soient épluchés par des universitaires ni que les nouveaux critiques travaillent sur ses poèmes pour en extraire une signification érudite, vous voyez. Il a eu le bon sens et la sagesse de voir qu'il existait un immense public quelque part qui serait touché par sa musique et ses ballades. Autrement dit, je pense qu'il a vu qu'il devait être quelqu'un de très différent du genre des poètes académiques, universitaires comme A.J.M. Smith ou Louis Dudek ou F.R. Scott, qu'il devait être un chanteur de ballades, un troubadour moderne. Je vois énormément de similarités entre les ballades, les chansons de Leonard et les ballades écrites au XIIème et XIIIème siècle. Ce caractère de mystère, de destin, de menace, de tristesse, cet aspect dramatique qu'on peut trouver dans les ballades écossaises ou anglaises du XIIIème siècle – je retrouve cet aspect dans l'œuvre de Leonard Cohen.»

C'était une après-midi montréalaise fertile pour les poèmes et les idées.

Je demandai : «Trouvez-vous ses chansons tristes ou bien les trouvez-vous joyeuses ?»

Layton était généreux à outrance. Il adorait louer son protégé. «Les deux. Ce que j'aime tout particulièrement dans les chansons de Leonard, c'est ce que j'appelle leur caractère maniaco-dépressif ou plutôt dépressivo-maniaque pour être exact. Je ne sais pas si vous avez remarqué, mais toutes ses chansons les plus

révélatrices et les plus émouvantes, elles commencent par une touche de douleur, d'angoisse, de tristesse et puis, d'une façon ou d'une autre, il parvient à s'élever jusqu'à un état d'exaltation, d'euphorie comme s'il s'était libéré des démons de la mélancolie et de la souffrance. Celles-ci, pour moi, sont les chansons de Leonard les plus caractéristiques et les plus puissantes, comme la première qui rappelle une autre de lui. Vous voyez, soudain, après les gémissements et les plaintes et la douleur et l'angoisse, tout ça très touchant et très expressif, soudain, il y a une envolée, une explosion toute euphorique de joie, et c'est une joie qui est méritée car elle a payé le prix de la souffrance, de la douleur et de la lucidité. Donc pour moi, Leonard est un troubadour important des temps modernes car nous payons tous notre tribut à l'angoisse et à la frustration et au désespoir. Et Leonard paie son tribut. Mais il a la volonté de ne pas s'y complaire, de ne pas rester enfermé et diminué éternellement par cette humeur. En d'autres termes, pour moi, c'est un troubadour héroïque. Pour moi, c'est un troubadour tragique, héroïque et c'est ce que je trouve le plus attirant dans l'œuvre de Leonard. Cela me touche toujours. Cela ne peut pas faire autrement que me toucher très profondément car c'est l'héroïsme contemporain où l'on ne peut pas s'en remettre à Dieu, ou la destinée ou le communisme ou le socialisme ou le nationalisme pour nous aider. C'est l'homme seul, aliéné, dans sa nudité. Il doit travailler seul à son propre salut. Vous voyez… et il le fait avec beaucoup de génie.»

Je me tournai vers Leonard qui absorba tout ça avec le vin du jour.

«Tu acceptes cela, Leonard ?»

Avec un sourire malicieux, il hocha la tête et dit : « Je l'accepte. »

Tout le monde éclata de rire et on remplit les verres. Ce n'était pas encore fini.

« Ok, juste pour poursuivre un petit peu… c'est très éloquent, très beau. Ces écrivains canadiens juifs, sont-ils différents des écrivains américains juifs. Vous savez, je parle de Bellow et Roth et tous ces personnages qui sont apparus après la guerre. En quoi sont-ils différents ? »

Layton livra son analyse sur-le-champ.

« La première différence, c'est qu'ils sont plus assimilationnistes que les écrivains juifs au Canada car ils n'ont pas cette communauté qui servait de socle à Leonard et moi-même et Mordecai et Klein. Le milieu juif là-bas est une communauté beaucoup plus instable que celle qui existait jusqu'à présent à Montréal. Comme Leonard, qui vient d'une famille juive patricienne très ancienne, très renommée. Voilà, ça confère une sorte de confiance et de force. Je viens aussi d'une famille juive orthodoxe qui, à moi aussi, m'a donné de la confiance et de la force et c'est pareil pour A.M. Klein. Cela n'existe pas aux États-Unis, et cela explique que le ton juif est d'un style différent. C'est soit extrêmement autocritique, dans l'œuvre de Roth, presque méchant, vous savez, un genre de haine de soi-même presque, chose qu'on ne trouve pas au Canada. On l'a un tout petit peu dans Mordecai Richler, mais c'est compensé par son immense humour, très riche et son esprit, etc. »

La conversation était vraiment intense. Nous en avions quasiment oublié la présence de l'équipe de tournage.

Ce fut la fin de la pellicule et je tentai de revenir à cette réflexion pendant que la caméra était remise en place.

« Donc vous étiez en train de parler de la différence. Je crois que c'est très important d'y revenir car nous n'avions plus de pellicule. Cette différence entre ce groupe d'écrivains juifs canadiens, venant principalement de Montréal, et leurs homologues américains qui ont suscité tant d'intérêt, propulsant des personnes comme Saul Bellow jusqu'au Prix Nobel. Là encore, d'où vient la différence ? »

Layton n'eut aucun mal à reprendre son souffle et ses idées. Ce n'était pas un homme à court de mots.

« Eh bien, pour moi, la différence, c'est que vous n'avez pas, qu'il n'y a pas eu ces tendances assimilationnistes à Montréal ou même en tout état de cause à Toronto, comme il pouvait y en avoir aux États-Unis. Saul Bellow ou disons Norman Mailer, ou Roth, je ne pense pas qu'ils avaient ce genre de contexte et de sécurité psychologique que les écrivains juifs avaient à Montréal. Les écrivains juifs à Montréal n'ont pas dû tourner le dos à leurs origines juives, à leur milieu juif. Ils pouvaient s'approprier ce qui leur semblait important pour leur œuvre personnelle et faire un mix représentatif entre leur juiveté et leur environnement canadien. Ils n'ont pas dû se révolter contre leurs origines juives, les haïr ou les mépriser ou les tourner en dérision avec férocité. Ils ne se sont jamais sentis inférieurs aux Canadiens francophones ou anglophones. Parfois, ils étaient confrontés au problème de mettre leur sentiment de supériorité en sourdine, mais c'est un autre genre de chose, complètement différent, vous voyez. Alors que j'ai l'impression que l'on a fait sentir à l'écrivain américain juif, dès le début, qu'il était un drôle d'animal, une espèce d'animal différente,

inférieure, qu'il devait faire attention à ses manières. Déjà, il devait faire attention à son accent. En d'autres termes, toujours regardant, toujours suspicieux à propos de ses origines. Donc, ça ne crée pas ce genre de confiance d'où peut sortir de la poésie vigoureuse ou des chansons ou des ballades comme le Juif pouvait en entendre à Montréal, où il pouvait mettre à profit son don pour l'anxiété et par-dessus tout son talent immense d'indignation historique sans se sentir inférieur. C'est comme ces Juifs qui, dans un environnement propice, quand ils commencent à s'animer, se mettent à gesticuler, ce qui est leur façon naturelle de parler et ils doivent se surveiller car ils ne sont pas censés faire ça, en tout cas certainement pas là-bas dans le Maryland, ou en Caroline du Nord, ou dans les banlieues chics de New York. Tu surveilles cette tendance à l'excitabilité car ça te stigmatise comme juif. Le truc, c'est qu'ici, l'écrivain juif pouvait vivre avec son excitabilité. Il pouvait puiser dans cette excitabilité. Il pouvait piquer ses accès de colère et il pouvait intégrer ce trait de caractère et se mélanger avec les Canadiens anglophones, les WASP et les Canadiens francophones. Il pouvait assimiler plutôt que d'être assimilé. J'ai puisé dans le catholicisme. J'ai puisé dans le protestantisme. J'ai fait une satire, une critique du catholicisme ou du protestantisme. Donc avec nous, c'était quelque chose de complètement différent. On pouvait assimiler ce qu'ils avaient à nous donner sans être détruits par ce processus.»

Leonard était différent des autres depuis le début. Je suggérai : «Dans le cas de Leonard, qui venait d'une maison à Westmount – certains pourraient trouver ces origines bizarres pour un poète. D'habitude, les gens pensent qu'un poète vient d'un lieu issu d'une terre désolée ou quelque chose dans ce genre. Comment

pensez-vous que ça l'a affecté, quand on le voit assis là juste à côté de vous ?»

Un autre éclat de rire général.

«Eh bien, Leonard était un génie, il a été capable de trouver de la tristesse à Westmount. Vous savez, il en faut du génie, pour ça. Il a été capable de voir que les gens riches, les gens aisés, les ploutocrates n'étaient pas tous des gens heureux. C'était un mythe vous voyez. Si vous aviez de l'argent, c'est certainement un mythe américain, ça, si vous étiez nanti, si vous aviez une maison à Westmount, et encore plus si vous aviez une maison dans le haut de Westmount, alors vous étiez béni, vous aviez tout. Et voilà, Leonard a eu la perspicacité, le génie de se rendre compte que ce n'était pas forcément le cas. Qu'est-ce que c'est si ce n'est pas du génie ? Le génie est la capacité – c'est une capacité très rare – de voir les choses telles qu'elles sont vraiment. Vous n'êtes pas roulé. Ça, pour moi, c'est la définition du génie la plus pure que je connaisse. Un génie est quelqu'un qui voit les choses exactement comme elles sont. Et il n'y a pas de loi à ce sujet, un génie peut être né dans un taudis. Il peut être né dans un ghetto et il peut être né à Westmount. Donc Leonard est né à Westmount. Il a jeté un coup d'œil et il a vu qu'il y avait autant d'esprits frustrés, malheureux, en profonde détresse à Westmount qu'il y a de gens heureux dans ce quartier où il vit désormais, à Saint Urbain.»

Ici s'acheva pour la journée notre recherche sur la source d'inspiration ou même le génie.

Je demandai à Irving : «Avez-vous un poème favori parmi les poèmes de Leonard Cohen ?»

Layton était ravi de faire plaisir. «J'ai beaucoup, beaucoup de poèmes favoris.»

Je demandai : «Y en a-t-il un dans ce livre ?» Je lui passai un exemplaire du recueil qui venait de paraître *Mort d'un homme à femmes*, titre que je trouvais formidable et provocateur.

Irving répondit : «Oui, dans celui-ci, il y a le poème éponyme.»

Je demandai nerveusement : «Pourriez-vous le lire ? Je pense que cela pourrait être intéressant, de vous voir lire un des poèmes de Leonard.»

Layton, poète, devint alors acteur, un rôle qu'il adorait. «Le poème éponyme. Ouais, cette ravissante ballade.»

Voici le poème éponyme, *Mort d'un homme à femmes* :

L'homme qu'elle avait voulu toute sa vie
pendait au bout d'une corde.
«Je ne savais même pas à quel point
je te voulais,» dit-elle.
Ses muscles étaient comptés
et son style désuet.
«Oh chéri, je suis arrivée trop tard.»
Elle s'agenouilla à ses pieds.

«Je ne verrai plus jamais un visage comme le tien
parmi les années d'hommes à venir,
je ne verrai plus jamais de tels bras
dans la lutte ou l'amour.»
Et toutes ses vertus brûlaient
dans cet holocauste enfumé,
alors elle prit en elle
tout ce qu'avait perdu son bien-aimé.

Voici le maître de ce paysage
il était debout près de la baie
avec un moineau de Saint Francis

auquel il prêchait.
Elle fit un signe à la sentinelle
de l'esprit profondément religieux de son amant.
Elle dit, « Je vous ferai un espace entre mes jambes,
je vous apprendrai la solitude et le recueillement. »

Il lui offrit une orgie
dans une pièce tapissée de miroirs ;
il promit la protection
au fruit de son vagin.
Elle frotta vigoureusement son corps
contre une cuillère aiguisée en fer,
elle stoppa les rituels sanglants
du passage lunaire.

Elle prit son état d'esprit
oriental qu'on admirait tant
et son alibi du cœur des ténèbres
derrière lequel il cachait son argent.
Elle prit sa madone blonde
et du monastère son vin blanc.
« Cet espace mental est occupé
et tout m'appartient dedans. »

Il tenta une ultime résistance
à côté du chemin de fer.
Elle dit, « L'art du désir, c'est fini
et ça ne reviendra plus, c'est ainsi. »
Elle prit son auditoire d'estaminet,
sa casquette, sa manière de danser vulgaire ;
elle se moqua de ses goûts vestimentaires efféminés
et de sa moustache de prolétaire.

La dernière fois que je l'ai vu,
il essayait désespérément de suivre

une éducation féminine
mais il n'est pas encore une femme.
Et la dernière fois que je l'ai vue
elle vivait avec un jeune garçon
qui donne un espace vide à son âme
et à son corps satisfaction.

Donc la grande histoire est terminée
mais qui aurait bien pu deviner
que ça nous laisserait si vides
et au fond si peu impressionnés.
C'est comme notre visite de la lune
ou d'une autre étoile :
J'imagine qu'en échange tu n'exiges rien
si tu veux vraiment aller aussi loin.[1]

1. The man she wanted all her life/was hanging by a thread. /"I never even knew how much/I wanted you," she said. /His muscles they were numbered/and his style was obsolete. /"O baby, I have come too late."/ She knelt beside his feet. / "I'll never see a face like yours/in years of men to come, /I'll never see such arms again/in wrestling or in love." /And all his virtues burning/in this smoky holocaust, /she took unto herself/ most everything her lover lost. / Now the master of this landscape/ he was standing at the view/with a sparrow of St. Francis/ that he was preaching to. /She beckoned to the sentry/of his high religious mood. /She said, "I'll make a space between my legs, I'll teach you solitude." /He offered her an orgy/in a many-mirrored room; /he promised her protection/for the issue of her womb. /She moved her body hard/against a sharpened metal spoon, /she stopped the bloody rituals/of passage to the moon. / She took his much-admired/oriental frame of mind, /and the heart-of-darkness alibi/his money hides behind./She took his blonde madonna/ and his monastery wine./ "This mental space is occupied/ and everything is mine." /He tried to make a final stand/beside the railway track. /She said, "The art of longing's over and it's never coming back." /She took his tavern parliament, /his cap, his cocky dance; / she mocked his female fashions/and his working-class moustache. /The last time that I saw him/ he was trying hard to get/a woman's education/but he's not a woman yet. /And the last time that I saw her/she was living with a boy/who gives her soul an empty room/and gives her body joy. /So the great affair is over/but whoever would have guessed/it would leave us all so vacant/ and so deeply

« Bravo », dis-je en toute sincérité. Layton, avec ses cheveux argentés ondulés et son style de beau gosse, avait prêté sa passion de poète mûr au jeune poète.

Leonard dit : « C'est un grand honneur de t'entendre lire cela. »

Et Layton répondit avec délectation, comme savourant ses mots avec délice : « C'est un beau poème, c'est un beau poème. C'est un grand honneur de le lire. Il a un tas de poèmes merveilleux, j'ai parlé de Leonard, des poètes de Montréal, il y a un an quand j'étais à l'Université de York pour un séminaire de troisième cycle et Leonard, bien sûr, en faisait partie. C'était toujours une bouffée d'air frais d'arriver à la poésie de Leonard après, disons, F.R. Scott or Louis Dudek ou d'autres. Il y a une signature dans sa poésie. »

Je voulais savoir si cette période d'apprentissage était révolue.

« Oui c'est fini. » dit Leonard. « Peut-être que c'est bel et bien fini pour tout ce groupe qui venait de Montréal. Cette tradition ? »

Layton répondit : « Oui, je crois que c'est fini, car le milieu se craquèle. Elles, les trois solitudes, sont devenues une seule grande solitude, vous voyez, et ces tensions dont les écrivains juifs sont issus n'existent plus et les écrivains canadiens francophones surfent sur la vague du nationalisme, ce qui est une chose complètement différente et pour cette raison, je pense qu'ils n'ont pas une résonance universelle. Parce que la résonance universelle, je suis désolé de le dire, mais

---

unimpressed. /It's like our visit to the moon/or to that other star : /I guess you go for nothing/if you really want to go that far.

elle n'est pas faite de fermeté et d'agressivité, elle est faite de doute et d'incertitude et ce sont les Juifs qui ont exprimé cet état de doute et d'incertitude. Les anciens marqueurs ne fonctionnent plus, tiens, les chansons de Leonard qui traitent des difficultés entre l'homme et la femme dans un contexte moderne. Il y a toujours eu des difficultés entre l'homme et la femme. Mais dans ce contexte moderne où les femmes remettent les hommes en question comme ils n'ont jamais été remis en question auparavant, où la famille en tant qu'institution semble sur le point de s'effondrer, et où toutes sortes de pressions s'exercent sur les gens. Eh bien les chansons de Leonard expriment la situation critique dans laquelle nous nous trouvons. »

« On arrête là. » dis-je : le tournage était fini pour aujourd'hui.

Nous savions que nous venions de partager un moment important. C'était un honneur pour moi d'en avoir fait partie. Il avait son propre rythme et sa vitalité, exactement comme un poème.

Dans la vie, nous avons tous des moments et des personnes qui représentent des choses différentes. Nous avons tendance à privilégier les moments d'émotion intense à ceux de souffrance. La séquence de tournage d'après se déroulait avec l'une de ces personnes. Ce camarade, le sculpteur Mort Rosengarten, avait grandi avec Leonard dans la même rue de Westmount et avait ensuite partagé une chambre à l'université. Ensemble, nous entrâmes dans le restaurant Cookie et le rituel commença.

« Bonjour Mr. Solomon. Comment allez-vous ? » Leonard salua le propriétaire du modeste café.

Mr. Solomon, avec son tablier et sa dent en or scintillante devant, répondit : « Bon, vous ? » Leonard et Mort s'absorbèrent dans la conversation. Mort, aussi effacé que Leonard était animé, dit : « Je suis allé faire un tour au cimetière l'autre jour. Ça faisait des années que je voulais le faire. »

« Lequel ? »

« Le grand cimetière catholique. Mon amie n'arrêtait pas de faire des remarques sur la taille des ailes des anges nord-américains, comme elles sont grandes. »

« Je pense qu'elle est un ange. »

« Je lui ai d'ailleurs demandé où étaient les siennes. »

« J'avais toujours cru que les anges des cimetières étaient fabriqués en Italie. »

« Et ils sont fabriqués où ? »

« Au paradis. »

« J'étais parti pour faire du bricolage. J'étais sorti avec Cherie et je lui ai dit que j'avais vraiment envie de visiter un cimetière, il devait être à peu près deux heures du matin et je lui ai dit "Le seul où l'on puisse aller à pied est… et j'imagine que le portail doit être fermé la nuit."

Elle a dit "Eh bien, peut-être qu'on pourrait escalader le portail."

Je lui ai dit "Je ne pense pas que ce soit une bonne idée. Escalader le portail, être pris en train d'escalader le portail d'un cimetière" Bref, curieusement, le portail était ouvert et il y avait une voiture garée là et il se passait quelque chose donc on s'est baladés et on est allés sur la tombe de ma mère et c'était très chouette. »

« Elle n'était pas là. »

Je décidai de détourner la conversation. « Depuis combien de temps toi et Mort êtes amis. Cela remonte à quand ? »

Leonard décida de me dérouter. «Je pense qu'on s'est connus un mercredi. Je crois qu'on est amis depuis trente-cinq ans.»

Je demandai : « Est-ce que vous correspondez, je veux dire, comme Leonard est si souvent en voyage ? »

Comme Leonard et moi-même sommes amis, je connaissais déjà la réponse. Bien qu'il m'ait demandé si j'avais une adresse email, dont je ne sais pas me servir.

«J'ai reçu une carte postale, en 1963 je crois.»

Mort, plus sérieusement, «Voyons voir, je lui ai envoyé une carte postale une fois, elle était en bronze, c'était à l'époque où…et j'ai fait cette carte en bronze et tous les caractères étaient... je l'ai envoyée en Grèce et il ne l'a jamais reçue. Son adresse, à ce moment-là, était juste : Cohen… Grèce.»

Leonard afficha une expression de surprise malicieuse.

«Je ne l'ai jamais reçue, je n'en ai jamais entendu parler par la suite.»

«Je suis presque sûr de te l'avoir envoyée. C'est bien possible que je ne te l'aie jamais envoyée.»

«Tu as probablement mis un timbre dessus et tu l'as jetée dans une boîte aux lettres.»

Je posai une question à Mort au sujet d'un personnage qui lui ressemblait dans *Les perdants magnifiques*.

« Qu'est-ce que cela vous fait d'apparaître comme un personnage de fiction dans un livre, Mort ? Dans l'un des premiers livres de Leonard ? »

« Cela m'a amusé de lire le livre, » dit-il.

Leonard dit, « Ce n'était pas tout à fait fidèle en ce qui concerne les événements réels, c'est juste le contexte, le contexte était authentique. Mais le caractère que Rosencrantz avait dans le livre, ce n'est pas du tout le caractère de Rosengarten. »

En tant qu'individu né dans un quartier moins favorisé, j'avais du mal avec le déclassement du lieu de résidence.

« Mort, vous êtes aussi un produit de Westmount. Vous avez déménagé dans ce quartier de la ville. Qu'est-ce qui vous a attiré ici ? Le même genre de choses qui semblent attirer Leonard ? »

Mort dit : « J'imagine, mais j'ai d'abord déménagé à la campagne. Et pendant dix-huit ans, au début, j'avais mon atelier à la campagne. C'était certainement un plus grand changement par rapport à Westmount que de déménager dans un autre quartier de la ville. Cela peut devenir vraiment dur en ville après quelques temps. »

Leonard surenchérit sur la géographie : « C'est drôle comme on s'est progressivement déplacés vers l'est. Le premier endroit qu'on a eu, c'était à Stanley Street. On avait une galerie d'art là-bas. Une petite galerie qui s'appelait la Galerie des quatre sous et malheureusement elle a brûlé. Après ça, pendant un moment, on n'avait plus d'endroit et puis on est allés à Mountain Street qui était quelques rues plus loin vers l'est et Mort avait un atelier pendant quelques temps sur MacKay Street, puis cette zone est devenue beaucoup plus riche et commerciale, des boutiques, des galeries. Les gens n'y vivaient plus. »

J'essayai d'en savoir plus sur les relations de Leonard. Ses amitiés masculines durent longtemps et elles sont profondes.

« Il me semble qu'une telle amitié, qui dure depuis trente-cinq ans, comme ça, tu es finalement plus proche d'un homme que tu ne pourrais l'être d'une femme, on pourrait dire ça. »

« C'est possible. »

« Comment pourrais-tu l'expliquer ? »

« Je n'en sais rien. »

« Je pense que Leonard écrit tellement sur les relations et les amitiés et tout ça. C'est une question très délicate, mais sais-tu ce qui fait une amitié, une amitié de qualité ? »

« J'y pensais justement quand tu parlais des trente-cinq ans ou je ne sais plus quoi, qu'il y a des amis de longue date, hommes comme femmes et c'est l'ancienneté qui l'emporte, comme la relation l'emporte, même si tu ne les vois pas souvent, ou même pas du tout pendant quatre ans. Tiens, je viens juste de recevoir une carte de Yakka l'autre jour, que je n'ai pas vue depuis une éternité. Une de nos vieilles amies, je lui ai parlé au téléphone il y a quelques semaines. »

« Qui est Yakka ? »

« Yakka est une amie avec laquelle nous sommes allés à la fac. C'était dans les années cinquante je crois, on était à McGill ensemble. On s'est connus à McGill et cette amitié dure depuis vingt-cinq ans. »

« Je me demande si c'est plus difficile de se faire des amis de nos jours. Les jeunes gens semblent si aliénés, ou du moins on dirait, une génération différente. »

«Je pense que si. Les amis sont les amis.»

«Un groupe d'étudiants qui est ensemble pendant trois ou quatre ans. C'était une période très intense pour nous, je pense que ça a un rapport avec ça. Les années passent et on n'a plus de nouvelles les uns des autres. Mais c'est comme si cela ne changeait rien, quelque chose a été gravé et scellé il y a très longtemps.»

Je voulais en savoir plus sur le lieu où nous étions en ce moment. Je demandai : «Est-ce un genre de rituel de venir ici pour le petit-déjeuner ?»

Leonard était enchanté de faire des compliments à ses hôtes. «Ouais, c'est un genre d'endroit sympa pour commencer la journée. Tu sais, le restaurant de Mr. et Mme Solomon est très chouette, rien que la parcimonie avec laquelle ils fonctionnent – c'est très instructif – leur équipement est très restreint tu sais. On voit qu'ils n'ont qu'une petite cuisinière que tu peux trouver dans la cuisine de n'importe qui et quelques grille-pains et quelques casseroles et juste avec ça, ils servent des repas excellents tous les jours. Il n'y a pas besoin d'équipement sophistiqué. C'est juste ça.»

«On dirait qu'une fois de plus, c'est un genre de dépouillement qui te plaît beaucoup.»

«Eh bien, ça marche vraiment, ce restaurant. Je veux dire par là que tu peux sentir la main de ces gens, de Mr. et Mme Solomon, tu peux sentir leur main dans tout ce qu'il y a ici. Tu vois… Et il se trouve que ce sont des hôtes exceptionnels dans la veine de la vraie tradition d'hospitalité. Et ça, on le sait bien, ça n'a rien à voir avec les meubles. Tu sais, quand tu viens ici à six heures du matin, Mr. Solomon va juste te saluer de la tête. Ils n'ont pas trop envie de parler à cette heure-ci. Et ils sont assis, et ton café arrive et Mr. Solomon

va t'apporter la *Gazette* et peut-être un cigarillo et Mme… »

Mort coupa : « Mme Solomon est venue à l'une de mes expositions de dessins et on a découvert qu'elle utilisait le même genre de lunettes que moi. Elle a emprunté mes lunettes pour regarder mes dessins et maintenant, si je viens ici et que j'ai oublié mes lunettes, elle me passe les siennes avec le journal. »

« Tu sais, je vais citer une phrase de ton propre livre que j'aime beaucoup sur la façon dont les rues changent brusquement. "Le ciel… avec des silhouettes contre le Saint Laurent qui paraissent irréelles et personne n'y croit car à Montréal le temps présent n'existe pas. Il n'y a que le passé revendiquant sa victoire." C'est comme les Solomon, ils semblent connectés au passé, de cette façon-là on dirait. »

Leonard hocha la tête. « Ouais, j'aime voir des marques sur les gens, je n'ai jamais aimé l'idée que les gens puissent changer de nom. Parce que c'est important de savoir d'où tu viens. En fait, je pense que l'histoire du Québec est tout particulièrement basée sur le passé et ce que l'on voit dans la politique du Québec en ce moment est juste une répétition du passé… »

« Ça semble former une vraie communauté. »

« Tu sais ce qu'est le slogan du Québec "*Je me souviens*" en français. »

« Tout-à-fait, mais serait-ce aussi, disons, un slogan de Cohen ? »

« Je pense que c'est dans l'écrivain, c'est dans la mémoire de l'écrivain. Ça pourrait être un slogan d'écrivain. »

« Ça ressemble vraiment à une communauté, presque un village, ce quartier dans lequel vous vivez, ici à Montréal où vous êtes. »

« Eh bien, j'ai plein d'amis dans la même rue. On a grandi dans la même rue aussi. Cette partie de la ville a toujours été comme une communauté. »

« Ouais. »

« Ouais, je pense que ce qui nous a attirés vers cet endroit, c'est que l'activité humaine y est visible et aussi une certaine intégrité de la communauté. »

« Comment vous vous sentez quand vous retournez à Westmount ? Par exemple quand vous rendez visite à des amis qui habitent à Westmount, vous avez encore l'impression d'en faire partie ? »

« Oh, j'aime rendre visite à des amis quel que soit le lieu où ils habitent, mais Westmount est très beau. Il y a plein de parcs et d'arbres et de rues et tout le monde a l'air d'aller bien. »

Plus tard, je demandai à Leonard de lire un extrait de son roman *Les perdants magnifiques.*

> *Au Québec, le printemps arrive par l'ouest. C'est le courant chaud du Japon qui amène le changement de saison sur la côte ouest du Canada. Puis le vent d'ouest prend la relève. Il traverse les prairies sur le souffle du chinook, réveillant les ours et le blé. Il survole l'Ontario comme un rêve de législation et se faufile en douce entre les bouleaux dans nos villages du Québec. À Montréal, les cafés éclosent de leurs*

caves tels un parterre de tulipes dans un défilé de stores et de chaises.[1]

Puis, dans son jardin, je suggérai qu'il lise quelques-uns de mes poèmes préférés, ces mots luxuriants issus d'une âme sensuelle.

Tu n'es pas censée être là,
Pas censée me chercher
C'est la face cachée du silence
C'est la clameur blanche
du dispositif abandonné
C'est La Captivité

Tu veux des détails
Tu veux le nom de la rue
Tu n'es pas censée être là
au nom de Dieu

Tu m'attends une fois encore
Attends à l'embouchure
du tunnel de l'amour
Mais où est la petite rivière gelée
Où est le bateau coloré

Si seulement le colibri
prenait une gorgée de ton désir

1. Spring comes into Quebec from the west. It is the warm Japan current that brings the change of season to the west coast of Canada. And then the west wind picks it up. It comes across the prairies in the breath of the chinook, waking up the graying and kinds of bearers. It flows over Ontario like a dream of legislation, and it sneaks into Quebec into our villages between our birch trees. In Montreal, the cafes, like a bed of tulip bulbs sprout from their sellers in a display of awnings and sharers.

si seulement les feuilles vertes
pouvaient s'abreuver à ta nostalgie.
Si seulement une femme regardait
par-dessus ton épaule
une carte de la Ville Éternelle
On dirait que rien ne peut t'éloigner
de cet étrange mémorial
Rien par la création ou rien par la naissance
ne semble te séparer
de la fiction de mon absence

Tous les Messies sont avec moi
Tu n'es pas censée être là
Tous les Messies l'ont approuvé
Tu n'es pas censée me chercher[1]

Il poursuivit sans s'interrompre – *Les intrigues politiques de ce livre* – une méditation d'ambiance, un portrait poétique d'un état d'esprit, une incantation à l'âme sœur.

> *Il y a des années, j'étais assis dans ce jardin, exactement à cette table, parmi les ancêtres des pâquerettes jaunes qui m'entourent aujourd'hui. En ce temps-là, j'étais drogué et heureux. J'écrivais du*

1. You're not supposed to be here/Not supposed to be looking for me/ This is the poor side of silence/This is the white noise/of the abandoned appliance/This is The Captivity/You need details/You need the name of a street/You're not supposed to be here/in the Name of God/You're waiting for me again/Waiting at the mouth/of the Tunnel of Love/But where is the cold little river/Where is the painted boat/If only the hummingbird/ would sip at your desire/If only the green leaves/could use your longing. /If only a woman were looking/over your shoulder/at a map of the Eternal City/It seems that nothing can take you away/ from this odd memorial/Nothing that's been made or born/separate you from/the fiction of my absence/All the Messiahs are with me in this/ You're not supposed to be here/All the Messiahs agree/You're not supposed to be looking for me

plus profond de mon insolation. Assez du passé. C'est un matin de 1975.

Les bourdons sont arrivés. Il y a des oiseaux bruyants dans la gouttière. Un fil d'une toile d'araignée, soudain blanc, part à la pêche au soleil. Des papillons veulent polliniser ma botte vernis. Un chat affûte le haut d'un mur en marchant tout le long, puis en marchant dans l'autre sens, ajuste la ligne horizontale.

Je ne resterai pas assis ici longtemps. Je suis très pressé. Je vais à Jérusalem. Avec les soldats israéliens et avec le roi d'Arabie Saoudite je vais m'agenouiller à l'endroit que l'on nous a promis.

Une abeille pénètre une fleur jaune suspendue comme une femme retirant sa nuisette par-dessus sa tête, tremblotante, se débattant vers le haut. Le soleil s'élève jusqu'au milieu du ciel puis s'immobilise. Il est midi. Les cloches de midi sonnent bruyamment de la tour de la cathédrale. De grandes pelletées de sons balancées dans la tombe de notre activité. Le son remplit tout espace et toute pensée. Le passé est obstrué. Couche après couche, le présent nous saisit, nous enterre sous un vaste presse-papiers d'ambre.

Je n'irai pas à Jérusalem finalement. Vous devrez aller à Jérusalem tout seul. C'est à vous.

Cela vous a été donné par les anges de la culture et du temps. Mais moi je ne peux pas y aller. Et je ne peux pas dissoudre votre intérêt pour la guerre. Vous voudrez voir des cadavres, la plus vieille attraction touristique, et vous voudrez « mettre au défi les sphincters de votre lâcheté sous le sable et le feu. » Au revoir.

Si vous regardez en arrière, je serai ici, exactement à cette table, exactement dans ce jardin où les bourdons chargent les corolles jaunes comme des taureaux, et le soleil fait une bosse à mon pantalon noir, et ma femme répète en boucle, «As-tu senti l'ambroisie de l'univers dans mon joli con ?» et les oiseaux se mettent enfin à l'unisson.[1]

1. Years ago I sat in this garden, at this very table, among the ancestors of yellow daisies that surround me now. I was drugged and happy then. I wrote deep from my sunstroke. Enough of the past. It is a morning in March 1975. The bumblebees have arrived. There are noisy birds in the rain gutter. One thread of a spider web, suddenly white, goes fishing in the sunshine. Some butterflies want to fertilize my shiny boot. A cat sharpens the top of a wall by walking across it, and then by walking back adjusts the horizontal. I won't be sitting here long. I'm in a terrible hurry. I'm going to Jerusalem. I'm going with the happy Israeli soldiers and I'm going with the King of Saudi Arabia to kneel down in the place that we were promised. A bee enters a hanging yellow flower like a woman pulling a gown over her head, shivering, struggling upwards. The sun climbs to the middle of the sky and stops. It's noon. The bells of noon ringing loud from the cathedral tower. Great shovelfuls of sound dumped into the grave of our activity. The sound fills up every space and every thought. The past is plugged up. Layer after layer of the present seizes us, buries us in one vast amber paperweight. I won't be going to Jerusalem after all. You will have to go to Jerusalem alone. It is yours. It was given to you by the angels of culture and time. But I can't go. And I can't loosen your interest in the war. You will want to see corpses, the oldest tourist attraction, and you will want to "challenge the sphincters of your cowardice under sand and fire." Goodbye. I will be here if you look back, at this very table, in this very garden where the bumblebee charges like a bull into the yellow trumpet, and the sun makes a dent in my black trousers, and my wife repeats on a loop, "Did you smell the ambrosia of the universe in my little cunt?" and the birds tune up at last.

D'une certaine façon, Leonard était un poète en construction. Il avait du mal avec son rôle. Il est vrai que c'était plus facile pour Dylan. L'Amérique brûlait consumée par les troubles, les violences urbaines. Il l'a mis en musique. Il grognait contre les dissonances des divisions. Et son public était immense et de tout cœur avec lui.

Leonard, en tant que Canadien, était cantonné, pour commenter les bouleversements du monde, à des petite notes en bas de page – les sempiternelles chamailleries entre les francophones et les anglophones, un sujet que les étrangers lisent en diagonale dans les colonnes des journaux. Même Byron n'a pas été au mieux de son talent avec ses poèmes politiques. En tant qu'observateur de son temps, Leonard s'est senti obligé de jeter quelques mots de jugement en pâture, qui sont quasiment tombés dans l'oubli. Son attitude était un coup de grâce pour chacune des chapelles.

D'abord, sur les francophones :

Je pense que vous êtes des sots de parler le français

C'est une langue qui invite l'esprit

à se rebeller contre lui-même et provoque des idées enflammées

des postures grotesques et une approche théorique

des fonctions ordinaires du corps. Elle ordonne l'âme

dans un clergé vulgaire consacré à la rédemption

d'une érection ratée. C'est la langue

du cancer car elle subordonne l'esprit

et installe une tumeur dans chaque nid d'abeille

Entre les dents pourries du français sont incubés

les notions les plus viles de la destinée et les versions

les plus miteuses de la gloire et les dogmes les plus effrayants du changement

pour polluer à jamais la simplicité de l'action humaine

Le français est un miroir de carnaval dans lequel

l'idiot brachycéphale est encouragé et supposé

composer un manifeste sur la destruction de second plan

Je pense que vous êtes des sots de parler l'anglais

Je sais à quoi vous pensez quand vous parlez l'anglais

Vous avez des pensées anglaises porcines

Vous castrez une langue de porc qui n'a pas d'organes génitaux

Vous êtes pipi et caca et rien d'autre

Et c'est pour ça que les amants meurent dans vos chansons

Vous ne me bernez pas, vous pauvres berceaux d'urine

où Jésus Christ s'est enfin endormi

et où même les boyaux de Satan ne trouvent pas

un bon endroit pour empester vos rythmes plats

d'ambition et de vice

Vous, l'anglais, je vous connais, vous êtes effrayé par la salive

vos aventures, ce sont les briques de verre de la sociologie

vous êtes allemand avec un permis de tuer

Je vous hais mais ce n'est pas en anglais

Je vous aime mais ce n'est pas en français

Je parle au diable mais ce n'est pas au sujet de votre Sanction

Je parle aux tables mais ce n'est pas au sujet de votre plan d'action

Je m'agenouille entre les jambes de la lune

dans un canal de bégaiement parfait

et vous osez m'interroger sur le sujet

de vos méprisables destinées

vous, pauvres nigauds du nord

qui vous êtes mis en route pour le paradis avec vos bouches en feu

Rendez-vous immédiatement, rendez-vous les uns aux autres

vos aspects inutiles les plus chers

et vivez avec moi et avec d'autres voix

comme les harpes du vent que vous auriez dû être

Venez et dormez dans la langue maternelle

et soyez réveillés par une vierge

(Ô merdes au cœur mort des discours singuliers)

soyez réveillés par une vierge

dans un état souverain de grâce en commun[1]

J'étais sonné par la brutalité de tout cela, venant d'un homme si délicat. Cela me troublait, aussi lui demandai-je : « Pourquoi as-tu le sentiment qu'il faut des mots aussi violents pour décrire des mots. C'est une question

1. I think you are fools to speak French /It is a language which invites the mind/ to rebel against itself causing inflamed ideas grotesque postures and a theoretical approach to common body functions. It ordains the soul in a tacky priesthood devoted to the salvation of a failed erection. It is the language of cancer as it annexes the spirit and installs a tumor in every honeycomb/ Between the rotten teeth of French are incubated the pettiest notions of destiny and the shabbiest versions of glory and the dreariest dogma of change ever to pollute the simplicity of human action/ French is a carnival mirror in which the brachycephalic idiot is affirmed and encouraged to compose a manifesto on the destruction of the sideshow/ I think you are fools to speak English/ I know what you are thinking when you speak English/ You are thinking piggy English thoughts you sterilized swine of a language that has no genitals/ You are peepee and kaka and nothing else and therefore the lovers die in all your songs/ You can't fool me you cradle of urine where Jesus Christ was finally put to sleep and even the bowels of Satan cannot find a decent place to stink in your flat rhythms of ambition and disease/English, I know you, you are frightened by saliva/ your adventure is the glass bricks of sociology/ you are German with a license to kill/ I hate you but it is not in English/I love you but it is not in French/I speak to the devil but it is not about your Punishment/I speak to the table but it is not about your plan/I kneel between the legs of the moon in a vehicle of perfect stuttering/and you dare to interview me on the matter of your loathsome destinies you poor boobies of the north who have set out for heaven with your mouths on fire/ Surrender now surrender to each other your loveliest useless aspects and live with me in this and other voices like the wind harps you were meant to be/ Come and sleep in the mother tongue and be awakened by a virgin (O dead-hearted turds of particular speech) be awakened by a virgin into a sovereign state of common grace

difficile, mais peut-être que tu as la réponse.» C'était une chose dont il ne voulait pas parler. L'orateur avait parlé. Cela suffisait.

«Je n'ai pas de réponse. Je…»

Il se tut. J'insistai.

«Mais les gens entendent, toutes ces images que tu as là, peut-être qu'elles disent 'eh bien vous avez un comportement brutal envers le langage et vous utilisez le langage pour communiquer. Dans cette langue particulière, également?»

Leonard se renferma sur lui-même.

«Je ne peux pas, vraiment pas… au-delà du poème lui-même. Tout ce que j'ai pensé sur cette question est là et je crois que le langage est celui qui convient. Je n'ai pas envie, non je ne souhaite pas faire de commentaire.»

Avec bienveillance, il changea de sujet et, en cette chaude journée d'été, fit une autre lecture, *Un de ces jours.* Souvenir vivide, douloureux souvenir.

> *Un de ces jours, nous irons dehors. Nous vous enlèverons vos chaussures et nous écouterons les carillons à vent dans le jardin. La poussière des avions jets évanouis fera un halo autour des lampadaires de la rue. La petite étoile de Karl Marx illuminera un coin de la voûte. Nous serons allongés à côté du hangar mêlant notre conversation au bruit doux et rond des colombes des voisins. Le père d'Adam ira mieux. Tout comme la mère d'Adam. Notre rude vie de l'arrière-cour est sur le point de commencer. Nous creuserons une mare de lis si nous arrivons à aller dehors.Vous pouvez nous voir dans nos chaises maintenant, immensément séduisants et paralysés. Là, nous sommes reflétés dans les vitres des fenêtres*

> *des chambres. Nous pleurerions sur l'histoire que vous nous raconteriez de nous-mêmes. Vous seriez si heureux de rencontrer des gens qui ne souhaitent pas vous diriger.*[1]

Je suggérai que, bien entendu, il était écrit à propos de ce jardin-même où nous nous trouvions. Il eut l'air profondément triste, tout d'un coup si triste.

« Ouais. Ouais, hein, là-bas, les voisins ont des colombes là-bas. Est-ce qu'elles y sont encore ? Je ne les ai pas entendues. Ils avaient un poulet. »

C'était une après-midi de réminiscences. Je lui demandai s'il avait un autre poème. Je ressentis le chagrin dans sa réponse.

« Ouais ouais. »

> *Lentement je l'ai épousée*
> *lentement et amèrement épousé son amour*
> *épousé son corps*
> *dans son ennui et sa joie*
> *Lentement je suis allé à elle*
> *lentement et plein de rancœur venu sur son lit*
> *venu à sa table*
> *affamé et par habitude*
> *venu pour être nourri*

---

1. One of these days we're going to get outside. We'll take off your shoes and listen to the wind chimes in the garden. The dust of vanished jet planes will be a glaze around the street lamps. The little star of Karl Marx will light a corner of the vault. We'll lie beside the shed mingling our conversation with the soft round noise of the neighbor's doves. Adam's father will be feeling better. So will Adam's mother. Our rugged life in the back yard is about to begin. We're going to dig a lily pond if we can get outside. You can see us in our chairs now, immensely attractive and paralyzed. There we are reflected in the windows of the room. We'd weep over the story you could tell about us. You'd be so pleased to meet people who do not wish to govern you.

Lentement je l'ai épousée
sanctionné par personne
avec les vœux de personne
au nom de personne
parmi l'avertissement de tous
et le mépris généralisé
venu à son parfum
mes narines ouvertes tout en grand
venu à son avidité
avec la semence pour un enfant
Des années à aller et des années à venir
Et des années à se retirer
Lentement je l'ai épousée
lentement je me suis agenouillé
et maintenant nous sommes blessés
si profondément et si fort
que plus personne ne peut nous meurtrir
sauf la Mort
et tout au long de ce rêve mortel,
je bouge avec sa bouche
Le rêve n'est qu'une nuit
Mais le baiser est éternel
Et lentement je viens à elle
Lentement on a déchiré
les habits de nos doutes
et lentement on s'est mariés[1]

---

1. Slowly I married her/Slowly and bitterly married her love/ Married her body/in her boredom and joy/Slowly I came to her/Slow and resentfully came to her bed/ Came to her table/in hunger and habit/came to be fed/ Slowly I married her/sanctioned by none/with nobody's blessings/in nobody's name/amid general warnings/amid general scorn/Came to her fragrance/my nostrils wide/Came to her greed/with seed for a child/Years in the coming/and years in retreat/Slowly I married her/Slowly I kneeled/ And now we are wounded/so deep and so well/that no one can hurt us/ except Death itself/And all through Death's dream/I move with her lips/

Je me sentais comme un intrus. Cela me trouble encore après tout ce temps, son expressivité et son émotion. « Ça a l'air si tragique. Est-ce que tu sens encore le tragique, ou seulement quand tu le lis, ou bien est-ce que le tragique ramené au grand jour sous ce beau soleil n'est plus si terrible ? » Comme réponse, il continua à lire.

Un genre d'acupuncture de l'âme.

Ceci est la langue de l'amour, mais la langue parlée dans les mondes d'en bas, parmi les citoyens des vaisseaux brisés. Néanmoins, les roues apparaissent et tournent et les créatures sont déplacées d'ici à là-bas. C'est une langue trouble, les lettres faibles et mal formées, les parchemins tachés d'excrément ; pourtant, nous sommes sûrs, il n'y a aucun doute qu'elle provient des grandes formules des lettres, formée par une voix, imprimée dans l'air et mise dans la bouche à cinq endroits, à savoir :

l'homme et la femme, Il les créa

La nuit dernière, tandis que ma fille dormait dans la chambre au tapis bleu du Main et que mon fils dormait dans mon lit, Lilith m'est apparue. Elle n'a jamais renoncé à moi. Comme d'habitude, je n'ai pas pu lui résister. C'était tellement près de la pleine lune que j'en ai été tâché. À deux endroits.

Ce matin, après avoir conduit les enfants à l'école, je suis allé au garage Avis pour faire mettre des pneus-neige sur la Datsun. Ils étaient ébahis que j'aie pu conduire tout l'hiver sans (on est maintenant fin janvier). Mon pouvoir ne va pas au-delà, mais je Lui suis reconnaissant pour la sécurité

The dream is a night/but eternal the kiss/And slowly I come to her/slowly we shed/the clothes of our doubting/and slowly we wed

formidable et immense dont Il m'a gratifié jusqu'à présent. Et cela continue ainsi, les lettres de plus en plus faibles, les distorsions de plus en plus grotesques, de plus en plus loin de la voix, et de plus en plus profond en Exil.

Et maintenant, il advient enfin que dans cet Exil, déjà gonflé d'hommes en état de déchéance, avec leurs lois inutiles et souillées, leurs chansons menstruelles et leurs idéaux monstrueux – un emplacement est dégagé à côté des saletés de la virilité et les femmes sont les bienvenues en Exil.[1]

Il y avait de la désolation dans tout ça. J'avais l'impression d'être terriblement indiscret. "Fais machine arrière" me dis-je intérieurement. Mais je dis simplement à Leonard, lui montrant une pierre gravée. « Cette chose derrière toi, est-ce l'un de tes poèmes ? »

---

1. This is the language of love, but the language spoken in lower worlds, among the citizens of the broken vessels. Nevertheless, wheels appear and turn, and creatures are moved from here to there. It is a garbled language, the letters weak and badly formed, the parchments stained with excrement; however, we are certain, there is no doubt that it derives from the great formula of letters, formed by a voice, impressed upon the air, and set in the mouth in five places, namely : male and female, created He them/ Last night, while my daughter was sleeping in the room with the blue carpet from the Main, and my son was sleeping in my own bed, Lilith appeared to me. She has never given me up. As usual, I could not resist her. It was close enough to the full moon for me to receive a blemish. I received it in two places. This morning after taking the children to school, I drove down to the Avis garage, to have snow-tires put on the Datsun. They were amazed that I had been driving all winter without them (it is now the end of January). My power extends no further, but I am grateful for the huge and terrible safety with which He has so far surrounded me. And so it goes, the letters weaker and weaker, the distortions more grotesque, further and further from the voice, deeper and deeper in the Exile. And now it comes to pass that into this Exile, already swollen with men in their states of disease, their soiled and useless laws, their menstrual songs, their monstrous ideals — a place is cleared beside the filths of masculinity, and women are welcomed into the Exile.

Leonard apprécia la diversion. « C'est l'un de mes poèmes que Rosengarten a gravé dans, euh…du granite ? Du calcaire. »

« Qu'est-ce que ça dit ? »

« Ça dit "Chaque homme a sa propre manière de trahir la révolution. Ceci est la mienne." »

« C'est tiré de quoi ? »

«Je ne sais pas, ah si, peut-être de *L'énergie des esclaves.*»

« Ok, coupez. »

Et donc on évolua vers des variations et des thèmes plus plaisants. Cela se poursuivit à Westmount, un retour sur le lieu de sa naissance. La maison de son père, la demeure de sa mère gardée comme un sanctuaire. Pourquoi ?

« Eh bien, ma question, c'est, est-ce que tu connais encore les gens de cette rue ? »

Un moment de silence se fit en lui. « Certaines personnes, qui sont là depuis très longtemps. En face, Mr. et Mme Leach, ils sont là depuis longtemps. On peut dire qu'ils jettent un œil sur la maison maintenant. »

« Ça paraît très isolé ici, hein, pour un, un… quelqu'un qui n'est pas du coin. Ça semble enfin, euh, loin de la ville, non ? » « C'est sûr. C'est un bon endroit pour élever des gosses. Tu te gares juste à côté. Pas trop de circulation dans les rues. »

«Tu sais ce que sont devenus les autres gamins qui ont été élevés avec toi dans ce pâté de maisons ? »

« Eh bien, certains sont devenus comme Mort. Mort a grandi ici, au bout de cette rue, le haut de Belmont. Le boulevard Westmount sépare le haut Westmount et le bas Westmount. Ici, c'est le bas Westmount. C'est le

Westmount modeste. Au-dessus du boulevard, c'est là que commencent les belles maisons.»

Bien entendu, Westmount est un îlot privilégié dans l'île de Montréal. C'était un havre de paix pour les Juifs qui avaient fait fortune avant que la révolution silencieuse ne les oblige à fuir le nationalisme. Je ne pus m'empêcher de fourrer mon nez dans sa propre révolution.

«Alors, la question, est-ce que la plupart de ces gens ont simplement repris les affaires de leurs parents, ou bien ont-ils été audacieux et ont-ils vadrouillé à travers le monde, ou bien tu n'en as pas la moindre idée?»

Leonard, une fois de plus, se montra généreux. Il n'aimait pas critiquer.

«Je n'ai jamais considéré les gens avec lesquels je vivais ici comme des gens susceptibles de mener des vies conventionnelles, j'ai toujours eu l'impression qu'ils n'évitaient pas, voire qu'ils allaient au-devant des défis. Les gens que je connais d'ici, comme mes cousins, ils semblent mener à peu près le même genre de vie que moi ou bien que Mort. À mon avis, cela ne fait pas de réelle différence qu'un homme se dirige vers l'art ou vers les affaires. Je ne crois pas que ceux-ci soient les vrais choix qui déterminent la qualité de vie. Il y a des défis partout et je ne pense pas que les gens peuvent échapper à la réalité à laquelle ils sont confrontés.»

La géographie de Montréal parle de ses racines et de ses divisions.

«Où était l'école d'ici?»

«Juste à quelques pâtés de maisons, sur Westmount Avenue.»

«Et il y a aussi une école hébraïque, n'est-ce pas?»

« L'école hébraïque est juste derrière le parc. »

« Et le parc était le centre des activités ? »

« On jouait beaucoup dans ce parc, et on le traversait aussi, même après que je sois parti de l'école primaire, on passait à travers le parc pour aller au lycée, la Westmount High School. »

Le parc, un lieu à la mémoire de Dick et Jane[1], un souvenir d'un autre temps, un havre sûr où Leonard jouait avec sa sœur à son jeu favori, la création d'anges imaginaires dans la neige.

Même maintenant, oui même maintenant, alors que nous étions assis sur le porche devant la maison qui lui avait servi de refuge pendant toutes ces années où il avait grandi à Montréal, il était facile de s'imaginer ces histoires du passé alors qu'il semblait encore les voir défiler.

« Ma sœur s'appelle Esther, mais je ne l'ai vraiment bien connue que plus tard, quand nous étions plus âgés et là, j'ai découvert que c'était un esprit formidable, un rire formidable, et une oratrice formidable, et solide en elle-même et solide derrière moi et mon travail, une grande beauté sanguine exactement comme Mère. »

À la seule évocation de sa mère, Leonard sembla rayonner. Pendant un certain temps, il était avec elle, il ne l'avait jamais quittée, il dit : « Ma mère est morte il y a deux ans et je pense que beaucoup de gens font cette expérience mais sa présence, tout naturellement, est devenue très forte et je pense à elle comme quelqu'un de très grand – un genre d'héroïne de Tchekhov. Elle

1. Personnages très connus de livres pour enfants destinés à l'apprentissage de la lecture en Amérique du Nord entre 1930 et 1970 (NDT)

riait intensément, elle pleurait intensément, je me rappelle d'elle époussetant la maison tout en chantant des chansons russes, des chansons juives… Une belle personne, mes amis l'adoraient… elle était toujours là. On revenait à la maison à deux ou trois heures du matin et alors que les autres adolescents devaient se faufiler en douce chez eux, nous on entrait franchement dans la cuisine et on commençait à attraper de quoi manger – des pommes de terre frites, ma mère descendait et s'asseyait avec nous… C'était une personne très chaleureuse, généreuse, quelqu'un de grand. On aurait dit qu'on était accueillis par les balalaïkas russes quand on pénétrait cette maison hantée par les esprits joyeux.»

On n'avait touché à rien depuis la mort de sa mère. Le temps semblait s'être arrêté. Une douzaine de numéros du *Journal juif canadien* s'empilaient sur un banc poli derrière la porte d'entrée. L'odeur douce de l'huile de Murphy et de la cire pour meuble au citron conférait à l'endroit une saveur de miel et de chaleur. Comment quitter une maison si heureuse ?

Nous étions convenus de ne pas filmer dans la maison. Et, de fait, cela aurait constitué un genre de sacrilège. Il y aurait tout aussi bien pu y avoir un écriteau indiquant «Souvenirs de mon passé – prière de ne pas déranger.»

Nous nous contentâmes de feuilleter les albums photos que sa mère avait tenus consciencieusement et dont elle était fière, dépositaires du passé, depuis les tentatives de tricycles jusqu'à l'icône en incubation en passant par la bar-mitsvah, puis, en dernier lieu, la superstar émergente.

Je pense que, malgré tout, nous avions transgressé ce lieu. Autrefois, il était habité par la joie. Aujourd'hui,

un instrument mécanique était intervenu, il fallait un genre de nettoyage spirituel.

Cela pourrait expliquer que le lendemain matin, alors que nous avions prévu une visite guidée de ces rues qui peuvent être si pittoresques, c'est un personnage plutôt réticent qui fit son apparition. Leonard portait un t-shirt YMCA jaune à manches courtes. Il se rencogna dans la camionnette tandis que nous arpentions les boulevards. Il n'offrit que des réponses monosyllabiques à la plupart de mes questions. J'avais déjà rencontré ce genre de réaction, la plus mémorable pendant que je faisais le fameux film sur Tennessee Williams. Après que je lui avais révélé la disparition du presbytère où il avait été élevé à Canton, Mississipi, il eut des cauchemars et fut incapable de parler.

Leonard donna des détails anodins comme on peut en gratifier les touristes, du genre : «Vous savez, quand Jacques Cartier arriva ici au XVIème siècle, ils dirent leur première messe à la lumière des lucioles.»

Il n'y eut ni luciole ni messe prononcée en ce matin montréalais. Mais nous apprîmes comment aller chez Ben's, le traiteur préféré de Leonard.

Heureusement, dans la version définitive du film, le monteur, Paul Nikolich, eut la bonne idée d'utiliser le matériau visuel avec une chanson.

L'une de mes pratiques consiste à collecter des images visuelles apparemment au hasard, jusqu'à ce qu'elles soient reliées les unes aux autres et forment un genre de poème visuel.

Je me souviens de l'une de ces séquences où nous étions en train de filmer à l'extérieur de la grande cathédrale en pierre, subitement le ciel fit son effet – le soleil et les nuages dansant le menuet. Je demandai au cameraman,

Ken Gregg, de diriger la caméra vers le ciel. Le temps qu'il la déplace, l'effet avait disparu. Il attendit. Filmer est un jeu de patience. Entre-temps, une vieille dame menue émergea de l'obscurité opaque de ses prières pour se joindre à l'équipe qui attendait – un groupe d'hommes adultes fixant le ciel nu. Enfin, scrutant l'instant magique à travers un morceau de verre fumé, l'éclairagiste, le jovial Erik Kristensen, poussa un cri : « Ça vient, ça vient. » Et soudain cela fut, le soleil et les nuages se donnant la réplique en chantant, dans une harmonie visuelle parfaite. J'ordonnai : « Action ! » Et le duo enchanté fut filmé. On se félicita avec effusion tandis que la petite dame demandait, désireuse de partager notre satisfaction : « Est-ce qu'il se passe quelque chose de spécial aujourd'hui dans les cieux ? » Je lui assurai que oui ; cela sembla la combler, et nous aussi.

C'étaient des scènes d'un montage de film paisible – des réflexions matinales de l'esprit, des pensées mises en image, qui sont maintenant combinées et mariées avec la musique de Leonard :

> *J'ai essayé de te quitter. Je ne le nie pas. J'ai tourné la page sur nous au moins une centaine de fois. Je me réveillais chaque matin à tes côtés.*
>
> *Les années passent. Tu perds ta fierté. Le bébé pleure donc tu restes enfermée. Et tout ton travail est juste là sous ton nez.*
>
> *Bonne nuit, ma chérie. J'espère que tu es contente. Le lit est un peu étroit, mais mes bras sont grands ouverts. Et tu as devant toi un homme qui s'évertue encore à te faire sourire.*[1]

---

1. I tried to leave you. I don't deny. I closed the book on us at least a hundred times. I'd wake up every morning by your side. /The years go

À travers la chanson, maintenant on voit un souvenir de Montréal et une journée à l'instant présent, des scènes de rue, des maisons, des balcons, des graffitis, des cafés, des enfants – la vie.

Puis nous levâmes la séance en nous rendant au Four Seasons Hotel pour un plongeon dans la piscine et une après-midi de lectures poétiques initiée par Leonard.

«Voici Montréal vue des fenêtres luxueuses du Four Seasons Hotel à Sherbrooke Street. Voici la colline, Mont Royal et voici la croix qui est allumée toutes les nuits. Voici l'antenne de télévision, l'instance grâce à laquelle les marchands ont leur accès dans la chambre des pauvres. Cette tour est l'école de médecine où ont eu lieu des expériences abominables. Les rues, McTavish, Redpath, tous ces grands Écossais qui sont venus dans cette cité, certains sont enterrés dans la colline. Voici les rues, l'Université, les Portes, les vieilles Demeures Victoriennes.»

> *Faites attention à ce qui vient de Montréal. Surtout l'hiver. C'est une force corrosive pour toute institution humaine. Elle mettra tout à terre, elle s'infligera sa propre défaite. Elle rétablira la sauvagerie où la Lumière se manifestera à nouveau.*
>
> *Nous, qui appartenons à cette ville, n'avons jamais quitté L'Église. Les Juifs sont dans L'Église comme ils sont dans la neige. Les transfuges radicaux athées les plus violents du Parti Québécois sont dans L'Église. Tous les styles à Montréal sont les styles de*

---

by. You lose your pride. The baby's crying so you do not go outside. And all your work is right before your eyes./ Goodnight, my darling. I hope you're satisfied. The bed is kind of narrow, but my arms are open wide. And here's a man still working for your smile.

L'Église. L'édifice du Sun Life est dans L'Église. Il y a longtemps, L'Église Catholique devint un galet à côté du rocher sur lequel L'Église a été fondée. L'Église a utilisé l'hiver pour nous briser et maintenant que nous somme brisés, nous allons vous enlever votre fierté. La fierté du Canada et la fierté du Québec, la fierté de la gauche et la fierté de la droite, la fierté du muscle et la fierté du cœur, la fierté insensée de votre point de vue particulier va enfler et exploser car vous avez tous osé songer à tuer des gens. L'église méprise vos travaux meurtriers dérisoires et l'église déclare que CHAQUE HOMME, FEMME ET ENFANT EST PROTÉGÉ.

Tout le monde sait que L'Église est à Montréal. Saint Francis est l'un de ceux, innombrables, qui a traversé la neige pour la réparer, ou plutôt, pour réparer l'apparence de ses ruines. Désormais, L'Église entre dans sa phase militante : toute idée de rédemption se flétrit dans la Lumière de cet incendie.[1]

1. Beware of what comes out of Montreal. Especially during the winter. It is a force corrosive to all human institutions. It will bring everything down, it will defeat itself. It will establish the wilderness in which the Brightness will manifest again./ We who belong to this city, have never left The Church. The Jews are in The Church as they are in the snow. The most violent atheist radical defectors from the Parti Québécois are in The Church. Every style in Montreal, is the style of The Church. The winter is in The Church. The Sun Life Building is in The Church. Long ago the Catholic Church became a pebble beside the rock on which The Church was founded. The Church has used the winter to break us and now that we are broken, we are going to pull down your pride. The pride of Canada and the pride of Quebec, the pride of the left and the pride of the right, the pride of muscle and the pride of heart, the insane pride of your particular vision will swell and explode because you have all dared to think of killing people. The church despises your tiny works of death and the church declares that EVERY MAN, WOMAN AND CHILD IS PROTECTED. /Everyone knows that The Church is in Montreal. St.

Pendant qu'on changeait la pellicule du film, je demandai à Leonard pourquoi il ne semblait pas beaucoup apprécier le titre de «poète».

«C'est à cause du phénomène de publicité culturelle, qui a le même effet que la publicité commerciale. Certains mots perdent de leur valeur et non seulement ça, mais en plus, il y a des tas de gens qui se précipitent pour s'approprier la description et je ne veux pas être dans le même panier.»

Exception faite de Layton, son camarade-poète chéri. Et donc il nous lit ceci :

«C'est un poème que j'ai écrit pour Irving Layton, il y a longtemps.»

Layton, pendant que nous dansons notre freilach
sous le mouchoir fantomatique
les rabbins miraculés de Prague et de Vilnius
regagnent leur trônes en sciure de bois,
et les anges et les hommes, qui dormaient jusque-là
dans les lieux glacés de l'incrédulité
se réunissent dans des cuisines pleines de saucisses
pour se quereller avec délice et débattre
des sonorités du Nom Ineffable.

Layton, mon ami Lazarovitch,
aucun Juif ne fut jamais perdu
pendant que nous deux dansons joyeux
dans la province française,
le froid et les océans à l'ouest du temple,
les brindilles ployant sous la neige

Francis is one of many who came through the snow to repair it, or rather, to repair the appearance of its ruin. Now The Church begins the militant phase : every idea of salvation withers in the Brightness of this blaze."

comme les mannes interdites du Shabbat;
je répète qu'aucun Juif ne fut jamais perdu
pendant que nous agitons et gonflons le mouchoir
en un nuage brûlant,
mesurant le paradis entier
de nos pouces réunis.

Reb Israel Lazarovitch,
espèce de Roumain bon à rien, tu as raison!
Qu'est-ce que ça peut bien faire
que le Messie vienne de Lituanie ou non?
Quant aux cyniques,
comme ceux que nous étions hier,
laissons-les marcher avec nous ou pourrir
dans leur linceul de logique.
Nous avons hissé un grand drapeau blanc,
et voici du vin dans la coupe de nos pauvres pères,
et maintenant voici la musique
jusqu'au petit matin et les prières du matin
nous allongeront une fois encore,
nous qui dansons si joliment
même si nous savons
que les freilachs ont eux aussi une fin.[1]

---

1. Layton, when we dance our freilach/ under the ghostly handkerchief, / the miracle rabbis of Prague and Vilna/ resume their sawdust thrones, / and angels and men, asleep so long/in the cold places of disbelief, / gather in sausage-hung kitchens/to quarrel deliciously and debate/the sounds of the Ineffable Name. / Layton, my friend Lazarovitch, / no Jew was ever lost/while we two dance joyously/in this French province, / cold and oceans west of the temple, / the snow canyoned on the twigs/like forbidden Sabbath manna; / I say no Jew was ever lost/ while we weave and billow the handkerchief/ into a burning cloud, / measuring all of heaven/with our stitching thumbs. /Reb Israel Lazarovitch, / you no-good Romanian, you're right! / Who cares whether or not/ the Messiah is a Litvak? / As for the cynical, /such as we were yesterday, /let them step with us or rot/in their logical shrouds. / We've raised a bright white flag,

« Certains de tes critiques disent que tes trucs au début étaient excessifs. Que penses-tu de ce genre de commentaires ? »

« J'adore ce genre de commentaires. J'adore entendre ce que disent les critiques et j'ai toujours l'impression que les critiques passent en jugement. J'examine toujours avec attention les critiques négatives qui me parviennent. Je ne le fais pas délibérément, mais quand je lis une critique négative, je la lis comme de la littérature, je la juge selon les critères les plus exigeants de la littérature et je trouve généralement qu'elle laisse à désirer. Mais j'adore entendre les gens parler en mal de moi. »

Une fois de plus, je me demandais s'il se fichait de moi.

« Sérieux ? Non, tu plaisantes ? »

« Les critiques, les critiques, je ne les ai pas vraiment dans le collimateur, les critiques, mais j'aime regarder comment ils écrivent. Et ce qui est très intéressant, c'est de constater que des gens qui écrivent souvent si mal se permettent de juger les standards des autres. Tous les trente-six du mois, un critique émerge, et ils sont aussi rares que les bons poètes, les bons critiques. J'aimerais bien être un critique. »

« Il y a un type ici qui écrit sur les sexuels, » dit Cohen. « Pas les bisexuels, mais les sexuels. Tu crois que c'est vrai ? En fait, c'est la phrase d'un écrivain. »

« Je…je ne sais pas ce que c'est. »

/ and here's our battered fathers' cup of wine,/ and now is music/ until morning and the morning prayers/ lay us down again, / we who dance so beautifully/though we know that freilachs end.

«Un sexuel,» dit Cohen, «ne s'occupe pas de l'homosexuel, de l'hétérosexuel, ou du bisexuel, mais juste du sexuel.»

«Ah, je vois, ce qu'il veut dire est juste s'intéresser à la puissance sexuelle, ou à l'énergie sexuelle.»

La pellicule s'arrêta; je notai sur mon carnet que nous avions pris le chemin des écoliers et que la séance s'était finie par un magnifique plongeon dans la piscine extérieure du Four Seasons. C'était décidément notre saison. De retour dans son pied-à-terre, sa zone de confort, je sentis que nous pouvions maintenant nous installer. Son appartement était étonnamment simple, rappelant sa planque d'Hydra. Je lui posai une question sur sa palette de couleur, ou plutôt d'absence de couleur.

«Eh bien, en fait, je ne sais pas… J'imagine que je pourrais y trouver des raisons métaphysiques, mais c'est juste que j'ai toujours préféré les pièces comme ça. Quand j'avais le choix, en général je peignais les murs en blanc et les sols en gris et j'avais, tu vois, une bonne table, quelques bonnes tables, et une chaise ou deux et ça te permet de ne pas être dépassé. C'est bien d'avoir un environnement extérieur plutôt bien rangé quand à l'intérieur de soi c'est plutôt dérangé.»

Il semblait y avoir une logique claire, limpide.

«Ok, est-ce que tu écris beaucoup de musique ici, ou beaucoup de poèmes ici?»

Dans ce lieu, il se sentait visiblement très à l'aise.

«J'ai beaucoup travaillé ici. Cette table est vraiment très bien. Je l'avais aussi de l'autre côté de la rue. Et la table de la cuisine est aussi très bien.»

«Tu bouges à droite à gauche en permanence. Est-ce qu'il y a des raisons internes pour cela ou bien est-ce que ça dépend plutôt de là où est le travail ?»

«Ça en fait partie. J'ai beaucoup bougé ces dix dernières années, mais ça commence à me fatiguer maintenant. J'aimerais me poser quelque part pour un certain temps.»

Et effectivement, dans le temps, il devait se poser, mais principalement à Los Angeles, plus près de la scène musicale.

«Je t'ai déjà dit un jour, j'ai vu ce film sur Janis Joplin et quelqu'un lui demandait pourquoi elle changeait de lieu comme ça et elle disait qu'elle cherchait sa vie. Mais je ne sais pas, est-ce juste une banalité à dire, au sujet des gens qui voyagent beaucoup. Est-ce que cela signifie quelque chose pour toi ?»

«Non, je ne ressens pas cette quête ou cette odyssée. Il semble simplement y avoir toujours une bonne raison pour bouger, aucune vraiment profonde. Tu suis le travail, et bien sûr, en tant que musicien, tu voyages beaucoup avec les tournées de concerts et tout ce qui va de pair avec la profession. Mais je pense que quoi qu'il en soit, je voyagerais. Mais là, je n'ai plus envie de bouger.»

«Dans ma tentative d'appréhender ce qu'est un poète, la question que je me pose toujours plus ou moins – est-ce que tu cherches la paix de l'esprit ou bien est-ce que tu la fuis ?»

«Je ne m'interroge jamais sur ce genre de choses. Tu sais, je trouve que la vie quotidienne amène déjà pas mal de perplexités, juste à essayer de gérer les choses ordinaires. Je ne l'examine pas vraiment de ce point de vue. Je ne me sens pas en mission ou je ne le suis

certainement pas. Je pense que tout le monde a une notion de sa propre destinée, je veux dire une vague notion, une notion indescriptible. Mais je le vois sous l'angle du quotidien, essayer de garder les choses aussi soignées que possible.»

«Je me demande par rapport à ta réponse à ça… tu n'as pas le sentiment d'une mission, tu l'as ou pas… qu'est-ce que tu dirais?»

«Eh bien, je trouve que c'est difficile de parler d'un sentiment de mission. C'est comme sa propre religion. Ou bien sa relation personnelle avec l'Ordre Sacré et c'est presque impossible d'en parler. À vrai dire, c'est dangereux et téméraire d'en parler. Tu sais, alors ça perd de son pouvoir, de son caractère sacré. C'est vraiment comment chacun se sent par rapport à son propre rôle divin. Je veux dire que chaque être éprouve en lui-même un sentiment particulier de sa relation au grand tout. Et je pense que le chant est un endroit approprié pour examiner ce genre de questions, ou bien la création. Pour moi, la conversation n'a jamais vraiment été l'arène appropriée pour examiner ce genre de sujets.»

«Ok, est-ce que tu veux dire que les poèmes, le chant sont un exutoire exprimant ces choses que les autres gens tentent d'exprimer avec des mots, dans la conversation quotidienne?»

De sa réponse devait naître le titre du film, le chant, la création, la vie, peut-être le sens.

«Ça, c'est encore une autre question, ce qu'est le chant. Tu sais, c'est beaucoup de choses. Déjà, c'est le métier, le travail de quelqu'un. Tu vois, tu le fais du mieux possible. La genèse véritable de cette activité, je n'en sais rien.»

J'étais vraiment curieux de savoir comment Leonard le poète était devenu Leonard la pop-star.

« Quand on s'est rencontrés il y a bien des années, tu n'étais pas un chanteur. Comment est venu le chant ? Ça m'a toujours intrigué. Il doit y avoir une histoire derrière ça. »

« Ces problèmes de genèse d'activités, je trouve ça difficile. J'ai toujours été un chanteur, toujours joué de la guitare depuis l'âge de quatorze ou quinze ans. Je ne me suis jamais considéré comme un chanteur, par contre. Je venais de finir *Les perdants magnifiques* en Grèce. J'étais fauché. J'écoutais beaucoup de musique country et western à la radio des Forces Armées en Grèce et j'ai commencé à écrire quelques mélodies. Je gardais pour moi des chansons de folk et je chantais depuis longtemps, et donc j'ai commencé à en écrire quelques-unes et je n'étais pas du tout conscient de ce qui se passait en ce temps-là en Amérique du Nord, c'est-à-dire la grande renaissance de la musique avec des gens comme Judy Collins ou Dylan ou Phil Oakes. Je ne connaissais pas du tout ces gens-là et je suis revenu à Montréal, pratiquement toujours aussi ignorant. J'ai commencé à écrire quelques mélodies, je suis descendu à New York et un soir j'ai annoncé à mes amis que j'allais devenir un chanteur de pop. J'étais en route pour Nashville et je voulais devenir un chanteur de country et western. À New York, j'ai rencontré Judy Collins et quelques autres personnes et j'ai vu ce qui était en train de se passer et des gens se sont intéressés à ce que je faisais. Judy s'est intéressée à certains de mes trucs et en a enregistrés et tu sais, avant que j'aie pu comprendre ce qui m'arrivait, j'étais enfermé dans un studio à faire mon propre disque. »

(Ça se pourrait bien. On peut dire que le reste appartient déjà à l'histoire. Pas encore tout à fait. Bien plus tard, Judy Collins lui aurait écrit pour son anniversaire! «Sache que tu as été une inspiration éternelle pour moi. Je chante tes chansons, tes magnifiques, intemporelles, émouvantes et initiatiques chansons. C'est le cadeau que tu m'as fait.»)

Mais revenons à ces journées d'été humides à Montréal. Je voulais vraiment en savoir davantage sur sa connexion avec l'endroit où nous nous trouvions.

«Tu sais, dans *The Favorite Game*, qui est l'un de tes livres que je préfère, tu dis, quelqu'un dit que personne ne quitte jamais Montréal car cette ville, comme le Canada lui-même, est conçue pour préserver le passé, un passé qui a eu lieu autre part. Je trouve que c'est une description formidable pour beaucoup de choses, est-ce que tu ressens toujours ça? Ça a été écrit il y a longtemps. Quand tu regardes en arrière?»

«Eh bien, j'essaie juste de me souvenir de ce que j'ai voulu dire par là. Qu'est-ce que j'ai bien pu vouloir dire par là?»

«Eh bien j'imagine que tu voulais dire que d'une certaine façon tu ne pouvais pas trouver de passé auquel te raccrocher ici, ou bien c'était trop fugitif, ou bien tu devais le trouver ailleurs. Je me demande si c'est ça qui a initié tes errances.»

«Je pense que ce que je voulais dire, c'est qu'à Montréal, si tu demandes aux gens ce qu'ils sont, ils te répondront une race ou une nation qui n'est pas canadienne. Ils te diront qu'ils sont hongrois, ou grecs, ou juifs et je pense que Montréal possédait vraiment un caractère fédéral. Je ne sais pas si c'est toujours le cas, mais elle possédait un caractère fédéral dans l'aspect le

plus transcendant de ce terme et c'est que les gens ne devaient rien abandonner pour venir ici. Et que la cité elle-même était conçue pour protéger le passé, que le passé européen ou le lieu dont les gens venaient, quel qu'il soit, cela marchait encore très bien ici. Je pense que c'est sur le point de changer, ou peut-être bien que la personnalité de la ville digérera tout programme ayant pour but de l'homogénéiser. Mais c'est sûr, autrefois, Montréal était un lieu où les gens vivaient comme ils avaient vécu ailleurs. Et en toute sécurité.»

Mais pourquoi donc s'était-il détourné du riche et luxuriant Westmount? En tant qu'individu qui avait essayé de fuir le béton et la saleté de la vie en centre-ville, je demandai : «Je m'interroge sur ce qui t'a fait venir ici, dans cet endroit en particulier? Parce qu'il semble y avoir quelque chose de spécial, une histoire? Ce quartier semble avoir une histoire et les pensions sont vieilles, et les maisons sont vieilles et on a l'impression qu'il s'est passé des choses ici autrefois.»

«Ouais, je suppose, entre autres. Je trouve que c'est un endroit vraiment chouette pour y vivre. Tu sais, il y a cette petite place qui s'appelait Carré Vallière, maintenant elle s'appelle Parc du Portugal. C'est vraiment un endroit agréable pour y vivre. Tu es près de la rue, tu as un petit parc pour t'asseoir. Cookies est juste en face et Mr. et Mme Solomon. Et The Main est juste là. C'est vivant.»

Et maintenant, retour à sa famille. Qui étaient-ils?

«On peut parler un peu de ton passé, à toi. Par exemple, d'où venaient tes parents? Étaient-ils nés ici?»

«Mon père était né ici et ma mère est née en Lituanie.»

«Existe-t-il quelque chose dans leur histoire qui indique un genre de lignée d'esprits créatifs ou devrais-tu

remonter à tes ancêtres ? As-tu la moindre idée s'il y avait des poètes, des chanteurs, ou quelque chose de ce genre dans le passé ? »

« Le père de ma mère était écrivain. Il s'appelait Rabbin Solomon Klinetsky et c'était un grammairien. On l'appelait le 'Prince des Grammairiens'. Il résidait dans ma maison, ma maison d'enfance pendant les dernières années de sa vie. Il écrivait un dictionnaire sans l'aide d'aucun livre de référence, juste en commençant du début et en continuant lettre après lettre – il a écrit *Le lexique des homonymes hébreux* et *Les trésors des interprétations talmudiques*, qui étaient des livres d'enseignement classiques jusqu'à ce que, je suppose, les Israéliens commencent à décider de l'orientation du langage. Ma mère était une bonne chanteuse, elle chantait bien mieux que moi et elle chantait beaucoup dans la maison. Elle passait en général de la mélancolie au chant. Le père de mon père était un homme d'affaires qui croyait en la suprématie de l'intellect – c'était l'une des phrases qu'il sortait constamment. Donc il y a eu un penchant affirmé pour ce genre de travail dans ma famille. »

« Tu as dit que ta mère passait de la mélancolie au chant. C'est bien ce que tu as dit ? »

« Oui, tu sais, c'était un véritable personnage de Tchekhov. Souvent la conversation portait sur les ravages de l'infortune, sur les regrets des autres gens, comme l'une des *Trois sœurs*. Mais de temps en temps, elle chantait et elle chantait merveilleusement bien. Elle avait une voix de contralto. »

« Donc en fait, le chant était un genre d'exutoire pour sa propre mélancolie. Pourquoi crois-tu qu'elle avait cette

mélancolie en elle, quand tu y repenses aujourd'hui, cela fait bien longtemps ?»

«Eh bien je pense que le caractère ordinairement abrasif de la vie quotidienne suffisait à la plonger dans la mélancolie de temps en temps. Surtout quand la personne y est prédestinée par son tempérament.»

«Est-ce que tu te considères comme mélancolique ?»

«Je m'accorde régulièrement ma dose de mélancolie. Ça ferait un bon titre de chanson, ça, 'Ma dose de mélancolie'.»

«Oui, c'est pour ça que je me…»

Leonard en avait sa dose, de mon champ d'interrogations – la fouille dans l'archéologie de son âme. Il attrapa sa guitare et commença à improviser une chanson.

«Est-ce que ça vient comme ça, les chansons ?»

«Les chansons.»

«Juste comme ça, une phrase qui t'interpelle ?»

«En général, les chansons viennent de jouer de la guitare, juste m'amuser avec la guitare. Juste essayer des séries d'accords différents, juste en fait jouer de la guitare tous les jours et chanter jusqu'à ce que ça me fasse pleurer, et alors j'arrête. Tu sais, des fois, ça vient tout de suite.»

«Tu chantes vraiment jusqu'à ce que ça te fasse pleurer, Leonard ?»

«Ça arrive. Ce ne sont pas des gros sanglots, mais tu vois, je sens un petit quelque chose dans la gorge, dans ce style-là. Et alors, je sais que je suis en contact avec quelque chose d'un peu plus profond que là où j'ai démarré en prenant ma guitare.»

Je repris au commencement. Ses racines.

« Quelle importance a le fait d'être juif dans ce que tu fais, à ton avis ? »

« Eh bien, avoir eu le privilège de connaître une tradition ancienne, je pense que ça a été décisif dans ma vie. »

« Mais dans certains de tes poèmes, surtout tes premiers poèmes, ça semble presque obsessionnel, je trouve que c'est ce qu'on dirait. Peux-tu développer un peu là-dessus ? »

« Bon, la Bible est, j'imagine, le livre le plus important de ma vie. Donc, je ne sais pas si ça aurait eu la même signification si j'avais été chrétien. Je connais certains chrétiens pour qui la Bible a cette signification. C'était la Bible anglaise, ce langage, qui me touchait, ces préoccupations, la façon dont la voix se pose par exemple dans les chansons, ou lamentations, le sentiment de grandeur chez les prophètes, le sentiment de révélation chaotique dans le Livre des Révélations. Ce genre de tonalités de discours, où le cœur bat vite, il n'existe aucun autre livre qui possède cette envergure. Cela m'a vraiment touché, la Liturgie Juive, le son de la voix juive qui s'élève pendant les prières, ou pendant le culte ou la louange, c'étaient les genres de tonalités qui m'ont touché et éclairé. »

Il voulait de nouveau passer à autre chose. Il attrapa sa guitare. Une ponctuation, une transition vers une autre facette des forces qui le façonnaient. Je demandai.

« Qu'est-ce que tu fais, c'est juste du bidouillage, c'est ça ? »

« Juste du bidouillage. »

« Mais tu sais, quand je t'écoute jouer de la guitare et on parle des choses qui t'inspirent… très souvent, je trouve que la musique, je ne l'entends pas comme il faut. Par exemple, ça sonne très espagnol, ce que tu joues en ce moment. »

S'ensuivit un genre d'explication à la Leonard Cohen. À prendre avec des pincettes. « Ouais ouais. Les seules leçons de guitare que j'ai eues, c'était avec un homme que j'ai rencontré quand j'avais quinze ans. Il jouait du flamenco, je l'ai rencontré dans un parc et je l'ai entendu jouer. Il jouait dans le parc et je lui ai demandé de me donner quelques leçons et il m'a donné des cours. Je crois qu'il m'a seulement appris cette mélodie qui était comme ça… ou dans ce style. Et puis, il s'est suicidé peu de temps après et ces deux, juste ces deux accords et le toucher qu'il avait, je sais pas. Je crois qu'ils m'ont apporté l'essentiel de ce que je connais. Il me l'a appris – juste un ou deux cours, je ne veux pas me décrire comme un guitariste car je ne suis pas vraiment un bon guitariste, mais juste ce feeling qu'il avait pour cet instrument et les quelques séries d'accords. Je crois que j'ai construit pas mal de mes chansons sur ces quelques mouvements tout simples. »

« Tu pourrais m'en donner un exemple dans l'une de tes chansons ? »

Chercher. Chercher des explications pour ce qui n'en a peut-être pas. Leonard répondit :

« Ah, comme dans *Ma femme bohème*… ce genre de choses tu vois. C'est une nouvelle chanson. »

« Est-ce que cette chanson a commencé comme un poème, puis une chanson, ou bien la musique et les mots sont venus ensemble ? »

Mauvaise pioche. À la recherche des origines. Il gratta sa guitare, y trouvant peut-être une gratification immédiate.

«J'adore ces instants où les écrivains décrivent comment leur sont venues leurs chansons. La plupart du temps, c'est n'importe quoi, mais c'est toujours intéressant à entendre. Cette chanson-là est née dans l'appartement d'une femme l'hiver dernier. Mon mariage était en train de foirer et elle avait une guitare. J'attendais qu'elle soit prête et voici exactement ce que je pensais : Où, où donc peut bien être ma femme bohème ce soir ? Et donc c'est l'une des chansons qui a commencé comme ça, la plupart, au départ, sont bien moins fluides, mais c'était juste… en train de me faire cette réflexion… et celle-là est venue très facilement et j'ai eu cette harmonie. J'imagine que tu pourrais la retrouver dans pas mal de musiques espagnoles ou orientales.»

«Sur cet album, il y a une chanson que j'aime particulièrement qui fait très spirituelle et religieuse, *À travers la fenêtre*, est-ce que… pourrais-tu en jouer un petit extrait ? Est-ce que c'est facile ?»

Anges et démons ?

«Ah oui…je n'atteins pas cette note cet été. Je ne pense pas y arriver si aigu.»

«Beaucoup de gens disent que tu chantes une louange à la solitude, c'est vrai ?»

«Une louange à la solitude ?»

«Ouais. C'est la phraséologie d'usage, Leonard Cohen chante une louange à la solitude.»

«Eh ben, tu as parfois des bonnes critiques et parfois des mauvaises.»

«Non, mais je me demandais juste comment tu réagis à cette attitude à ton sujet. Je ne suis pas d'accord, personnellement, mais je me demande ce que tu ressens par rapport à cette vision de certains de tes trucs. Ce que j'essaie de savoir, Leonard, c'est si tu as l'impression qu'il y a une grande part d'incompréhension ? Que ce soit avec tes livres, ta poésie et tes chansons ? »

«Je ne pense pas, je ne me suis jamais réellement senti incompris. Je pense que les gens... pas seulement avec mon travail, mais avec n'importe quel travail qui touche le cœur, et lorsqu'on y arrive, c'est très difficile d'en parler. C'est comme parler d'un baiser ou d'une étreinte. Tu sais très bien de quoi il retourne, en pleine action, ou quand c'est fini. On te demande de le décrire de plein de points de vue différents. Mais cela n'a rien à voir avec l'expérience et je pense que lorsqu'une chanson est juste, elle communique immédiatement et puis les gens sortent de la chanson et reviennent aux habitudes naturelles d'investigation, et ils s'amusent à décrire ce qui s'est passé et pourquoi ils ont aimé ou pourquoi ils n'ont pas aimé, ils vont dans des explications du genre si c'est mélancolique ou si.... »

Sa réflexion s'enraya. Je le pressai de poursuivre.

«Eh bien l'une des choses qui m'a inspiré cette question, je pense, est cette phrase dans *Mort d'un homme à femmes* où tu dis 'cela deviendra évident que je suis le styliste de mon époque et le seul honnête homme de cette ville' et je me demandais à quoi tu pensais quand tu as écrit cette phrase en particulier, si tu t'en souviens ? »

Il sembla intimidé par sa propre réponse.

«Eh bien, je pense que ce paragraphe est écrit d'une manière délirante et qu'il est conçu pour avoir ce ton

arrogant et ampoulé. Ce n'est pas à prendre trop au sérieux, même par moi, sauf dans mes crises de mégalomanie avancée "je suis le styliste de mon époque et le seul honnête homme de cette ville". Il y a des moments où je me sens comme ça. Et puis parfois tu sais, quand je mesure mon travail à celui de Soljenitsyne ou à d'autres, je trouve cette affirmation ridicule. Peut-être que je pensais aux critiques… pas trop souvent heureusement, mais parfois… ça te met en colère. Oui, il y a un petit peu de colère là-dedans. Parfois, j'ai le sentiment qu'en Amérique du Nord, mon travail doit constamment être justifié. Dans beaucoup de critiques que j'ai lues, ou avec beaucoup de gens que j'ai rencontrés, ils pensent que je ne sais pas chanter du tout, et beaucoup de critiques se focalisent sur ce point, plutôt que de tenter d'examiner ce qu'ils ont peut-être en face d'eux, qui est le travail d'un styliste. En Europe, et aussi au Québec, il existe une tradition de *chansonnier*, ou de chanson parlée, juste le son de la voix masculine et du point de vue esthétique, l'excellence du travail est déterminée précisément par la voix.

Et donc j'ai eu des ennuis avec des gens qui pensent que si tes notes ne sont pas parfaitement justes, et que ta voix n'a pas un certain type de son impeccable, qui correspond à tous les autres sons impeccables qu'on entend tout le temps, si ça ne satisfait pas exactement à ces critères-là, alors tu ne sais pas chanter. C'est pour ça que de temps en temps, je me sens obligé de rappeler aux gens, pas tous, je n'en veux pas à la terre entière, d'ailleurs, ce n'est même pas important, mais je me sens obligé de rappeler aux gens qu'il existe une chose qui s'appelle le style et qui leur a peut-être échappé.»

Pendant que le cameraman remettait une nouvelle pellicule, je m'aventurai à faire quelques commentaires sur les rares, très rares objets qui se trouvaient là – par exemple une figurine dorée représentant une femme nue, d'environ la taille d'un cendrier, un splendide bibelot art déco.

« Juste avant qu'on reprenne, cette statue sur la table, qu'on regarde là-bas, je me demandais juste d'où ça vient. C'est très élégant. »

Leonard décida de s'amuser à mes dépens.

« Eh bien, ça vient de Caplan, qui est en face dans la rue. C'est une quincaillerie. Mr. Caplan avait un entrepôt et son comptable lui a conseillé de le fermer à cause des coûts fixes et tandis qu'ils le nettoyaient, ils ont trouvé une caisse de ces petites statues en plâtre faites par un sculpteur italien qui s'appelait... Petrucci, dans les années vingt ou trente à Montréal et il m'a dit que les Petrucci étaient deux frères qui étaient venus ici pour faire un malheur avec ces petites statuettes, et ils en ont vendu quelques-unes et je crois qu'ils sont morts, tués par l'alcool dans l'euphorie du succès naissant. Je les trouve très belles. J'en ai une autre là-bas. Elles faisaient à peu près trois dollars chacune et j'en ai acheté une caisse entière. J'en ai à peu près vingt des autres. Mais celle-ci est la seule comme ça. Il y en a encore une noire qui est restée au magasin, peinte en noir, et celle-ci est la seule en bronze. »

« Eh bien, on dirait que tu aimes collectionner des choses bon marché, à ta façon, et je pense que si elle avait coûté trois mille, tu ne l'aurais peut-être pas achetée. »

Leonard rit à cette idée, un rire aérien. « Ah oui, c'est sûr que je ne l'aurais pas achetée si elle avait coûté trois

mille dollars. Mais elles sont belles. Cet homme aimait vraiment les femmes. Je vais t'en donner une, Harry.»

«Ok, cela me ferait plaisir.»

Et effectivement, depuis ce jour-là, je garde ce précieux objet d'art bon marché près de mon lit, comme souvenir.

«Pourrais-tu lire un poème qui se passe ici?»

«Ok, ce ne sont pas de très bons poèmes, mais ça parle des gens du coin.»

J'imagine que cela vous est égal

Mais ils ont planté douze frênes dans le Parc du Portugal

Nous avons pris cet érable original qui avait poussé des graines

à côté du lit de fleurs

et l'avons planté dans la cour de Cheryl.

Michelle et Maureen ont nettoyé et planté

là derrière et mis un arbuste

Mr. et Mme DeLuca ont sorti leurs petits

arbres qu'ils ont gardés dans la cave tout l'hiver

Ils sont plantés dans de vieux tonneaux à vin

L'érable en face de la maison a fait

des petites griffes oranges

dans la brise printanière innocente

Les branches tournées vers le ciel du peuplier tout seul dans le pâté de maison

ont mis leur dessous de brume verte

Inutile de dire que nous sommes tous sortis

comme la lessive

Je suis assis sur ce balcon pourri

regardant les petits arbres en dessous

sortis récemment de la cave à vin sombre

de Mr. et Mme DeLuca.

Plutôt content d'être là.

De vieux amis près d'ici dans différentes pièces

et des seuils et des balcons

J'aimerais façonner l'œuvre de toute ma vie aussi délicatement sculptée que ton nombril

aussi indomptée et mystérieuse que ta disparition de

ma vie

aussi implacable que ta haine

aussi obstinément belle que ta fuite du foyer et de la famille[1]

---

1. I don't suppose you care to know/But they planted twelve ash trees in the Parc du Portugal/ We took that maverick maple that grew from seed/ beside the flower bed/And planted it in Cheryl's yard./Michelle and Maureen have cleaned and planted/ out back and put in a sapling/ Mr. and Mrs. DeLuca have taken out their small/ trees that they kept in the basement all winter/ They stand in old wine barrels/The maple tree in front of the house has put/ out small orange claws/Into the harmless spring breezes/The upturned branches of the lonely poplar on the block/ Have on their undergarments of green mist/ Needless to say we have all come outside like the/ laundry/I sit on this rotten balcony looking down at the/ little trees/Recently brought forth from the wine dark basement/ of Mr. and Mrs. DeLuca. /Quite pleased to be here. /Old friends nearby in their various rooms/And doorsteps and balconies/I would like to make my lifework as finely carved as your nostril/ As wild and mysterious as you disappearance from/ my life/As implacable as you hatred/As stubborn in beauty as your flight from hearth and family.

« On aurait une meilleure vue de ça du petit balcon là-haut, Mr. et Mme Deluca vivent en haut. Ils font du vin. Du très bon vin. Il y a plein d'alcool qui est fabriqué dans cette rue. »

«Tu en as encore un ? » J'imagine que j'étais sonné par la nature personnelle du poème qu'il avait lu en guise de réponse.

« Celui-là est venu quand j'étais assis sur ce petit balcon qui donne sur la cuisine ici. Je ne les ai pas lus depuis longtemps, donc je vais peut-être bafouiller un peu. Et je ne défends certainement pas le point de vue de la plupart d'entre eux. »

Ils seront riches pour longtemps

Les cœurs de leurs enfants seront encore plus durs

que leurs propres cœurs endurcis

Nous allons nous battre encore longtemps à propos du vin

Ma fille de douze ans sur le balcon

chante une chanson à ce sujet

C'est Elle à qui pensaient nos grands-parents

quand ils invoquaient La Vierge

Cela n'a rien à voir avec son Lieu à Elle

Qui sera rempli, naturellement, des larmes des hommes

Nous luttons avec Son courage, le courage de La Vierge

et nous espérons avec l'espoir de La Vierge

car nous sommes nourris avec les ordures des riches

nous avons rêvé d'un monde sans corruption

parce que nous nous sommes tant courbés

Et avons feint tant et tant

Nous avons imaginé un monde différent

Nous savons que le monde ne change pas

Nous savons que les riches ne laissent pas tomber

Nous connaissons les riches

Leurs voix sont fortes et leur pouvoir est puissant

Mais dans chacune de nos maisons il y a Une Vierge

et cela nous est égal

à qui elle donne du plaisir

derrière le poulailler

Nous avons La Vierge

et elle nous dit :

ne vivez pas dans ce monde

et donc nous creusons et nous nous armons

du sourire de La Vierge

et du mépris de La Vierge

et de l'espoir musclé de La Vierge

et parce que nous ne vivons pas dans ce monde

nous pouvons le voir et nous pouvons l'atteindre

et nous pouvons le détacher du ciel

C'est notre stratégie contre les riches

qui deviennent graduellement stupides parmi leurs possessions.

Qui ont oublié qu'il y a un bord au monde

Et que beaucoup vivent et les observent de derrière
C'est ce qu'elle chante
Notre Couturière de la Déchirure
tandis qu'Elle éloigne le fils du voisin
de la réparation
de sa bicyclette cassée
pour le stupéfier avec Ses nouveaux seins[1]

«Tu en as encore un autre, avant qu'on laisse tomber ça ? Ou on peut passer à autre chose, si tu veux.»

---

1. They will be rich for a long time/The hearts of their children will be even harder/ than their own hardened hearts/ We will be fighting for a long time over the wine/ My twelve year old daughter on the balcony/ is singing a song concerning these matters/ It is She whom our grand-parents meant/ when they invoked The Virgin/It has nothing to do with that Place of Hers/ which will be filled, naturally, with men's tears/ We fight with Her strength, The Virgin's strength/ and we hope with The Virgin's hope/ Because we have fed on the garbage of the rich/ we have thought of a world without corruption/ Because we have bowed so much/ and pretended so much/we have thought of a different world/ We know the world does not change/We know the rich do not give up/We know the rich/Their voices are loud and their strength is mighty/But in every one of our houses there is A Virgin/ And we don't care/whom She pleasures/behind the chicken coop/We have The Virgin/and she tells us : /Do not live in the world/So we dig in and we arm ourselves/with the smile of The Virgin/and the scorn of The Virgin/and the muscled hope of The Virgin/and because we do not live in the world/ we can see it and we can reach for it/ and we can pluck it out of the sky/That is our strategy against the rich/ who grow slowly stupid among their possessions. /Who have forgotten/ that there is an edge to the world/and that many live and watch them from beyond it /This is what she sings about/ Our Seamstress of the Torn/as She draws the neighbor's son/away from the repairing/of his broken bicycle/to be astounded by Her new breasts

Les femmes et la pensée des femmes ont eu une influence marquante sur le travail de Cohen.

« La question sur l'homme qui a créé cette statue… tu as dit qu'il aimait vraiment les femmes. Est-ce que tu aimes vraiment les femmes ? Dirais-tu que tous tes poèmes et tes chansons… pour la plupart ce sont pour les femmes, ou dédiés aux femmes, ou par amour des femmes ? »

« On est profondément absorbés par les femmes. Bien sûr. Je suis devenu complètement obsédé par les femmes. Ça remonte à aussi loin que j'ai des souvenirs. »

« Pourquoi ? »

« Je ne sais pas pourquoi. »

« Bon, apparemment, tu as déjà réfléchi à ça, je dirais. »

À mon grand étonnement, Leonard se retrancha, sur la défensive.

« J'ai été trop occupé pour réfléchir à ça. Je pense que tout le monde est comme ça, je veux dire tous les hommes sont comme ça, non ? Ils pensent tout le temps aux femmes. Et elles pensent constamment à nous. Je pense que c'est le plan divin. C'est une belle chose pour nous tous, de nous intéresser si intensément les uns aux autres. »

« Dans ton public, y a-t-il un pourcentage en termes d'hommes et de femmes ? C'est surtout des femmes ? »

« Je n'ai pas remarqué, non. Je ne m'intéresse plus autant aux femmes qu'auparavant. Je ne crois pas. Il faut bien écrire sur quelque chose, et les femmes représentent le monde objectif. Pour un homme, elles

représentent ce que tu n'es pas et c'est ce que tu tentes toujours d'atteindre, dans une chanson.»

«Sais-tu ce que sont devenues toutes ces femmes sur lesquelles tu as écrit?»

«Ouais, je sais ce que tout le monde est devenu. Je veux dire mes amis, je garde des contacts privilégiés avec mes amis.»

«Mais il y en a un tas qui sont passées de nuit.»

«Je ne sais pas. C'est probablement vrai, mais j'ai tendance à me souvenir des personnes dont je suis devenu proche.»

«Est-ce que tu reçois beaucoup de courrier de gens que tu ne connais pas?»

«Je reçois quelques lettres. Je ne croule pas sous les lettres, ou ce style-là, mais il y a toujours quelques lettres par semaine. Parfois plus, tu vois. Quand tu sors un livre ou un disque, en général, ça réactive la correspondance.»

Au cours de l'après-midi, nous changeâmes de pièce, d'une zone blanc-sur-blanc à une autre. Je trouvais qu'il était auréolé d'un sentiment de solitude. Et j'essayai de creuser davantage cet aspect de son être. Comment un individu qui paraissait si désirable à presque toutes les femmes pouvait-il avoir l'air si seul? Peut-être que la réponse surgirait durant les jours où nous serions en tournée. Maintenant, il était temps de s'atteler à certaines chansons, par exemple celle qui est devenue sa marque de fabrique.

«Pourrais-tu me parler des chansons une par une, *Comme un oiseau sur un fil*[1] – qu'est-ce que cela te

1. Bird on the Wire

rappelle, comme circonstances d'écriture, d'où est-ce que ça vient ? »

« *Comme un oiseau sur un fil.* J'ai commencé cette chanson en Grèce. La mélodie a déclenché quelques-unes des paroles, quelques phrases. Et ensuite, ça ne me quittait plus. J'étais à Los Angeles. Je vivais dans un motel au Sunset Strip – ça s'est un peu développé. Et puis, j'en ai fait un enregistrement produit par David Crosby. Ah, je n'ai jamais fini cet enregistrement. Et la chanson continuait à grandir. J'en ai fait un enregistrement à Nashville avec Bob Johnson comme producteur. Et apparemment, les paroles n'étaient pas encore finies. J'ai changé les paroles et on peut trouver des paroles différentes sur un disque appelé *Live Songs.* Et ensuite, les paroles ont encore changé un tant soit peu dans les arrangements les plus récents de la chanson – donc l'écriture a continué pendant environ huit ou neuf ans. »

« Cette phrase – "à ma façon j'ai tenté d'être libre" – pourrais-tu la développer un peu ? »

« Je ne crois pas qu'il y ait grand-chose à rajouter là-dessus, Harry. C'est aussi explicite qu'on puisse l'être. Ça nuance un genre d'assertion humaine arrogante, qui est "j'ai tenté d'être libre" – bon, ok, tout le monde a tenté d'être libre "à ma façon" modifie et adoucit un peu l'idée, et inclut aussi la possibilité d'échec. Parce que tu vois, tu dis, selon mon propre angle de vision, et à ma façon, j'ai tenté et je me suis planté comme tout le monde, mais j'ai vraiment essayé. »

« On passe au *Chelsea Hotel.* C'était quand, et comment c'est venu ? »

« J'ai commencé cette chanson, je dirais, humm… à la fin des années soixante. Je ne suis pas vraiment sûr de

quand j'ai commencé cette chanson. Il en existe une version que j'avais faite en 1972, que je n'ai jamais sortie. Il y a eu beaucoup de changements dessus, je ne crois pas que c'était prêt à être enregistré avant 1974. C'est ma rencontre avec Janis Joplin au Chelsea Hotel qui a été la genèse ou la semence de cette chanson. Elle a connu beaucoup de modifications. C'est tout ce que je peux en dire.»

«Lorsque tu la présentes, c'est l'une des seules, la seule je crois, que tu dédicaces toujours à Janis Joplin.»

Il parla vite, comme perdu dans ses pensées.

«Avec les années qui passaient, j'ai commencé à me rendre compte que c'était Janis Joplin qui m'avait donné la semence de la chanson. Souvent, une chanson se développe comme un présent d'une autre personne, comme si elle t'avait offert cette chanson. Cela peut prendre des années pour qu'elle se développe. Comme la chanson *Nancy*. Je me souviens de sa genèse de manière très très précise. C'était quelqu'un que j'avais rencontré dans un *diner* ouvert vingt-quatre heures sur vingt-quatre à Nashville. Et je travaillais sur cette chanson et ça ne venait pas. Je me souviens juste de moi debout à côté du jukebox en train de regarder la sélection de titres et cette jeune femme est venue, elle était derrière moi et m'a dit : 'Il faut jouer la R7.' J'ai parlé avec elle pendant un bon moment et je me suis aperçu qu'il se passait un genre de transfert, que le cœur s'attendrissait en quelque sorte du seul fait de la présence de cette autre personne. Et d'une certaine façon, on était en train de me tendre la semence de la chanson. En fait, pendant que je travaillais à cette chanson, je n'étais même pas sûr que c'était la chanson que Janis Joplin m'avait donnée, mais quand j'ai commencé à travailler dessus, j'ai compris que cette semence,

ce don de la semence ou l'origine de la semence ou la genèse, bref le truc à partir duquel la chanson se développait, qui attendrit les cœurs assez pour recevoir humm… les énergies, quelles qu'elles soient, qui permettent de créer cette chanson, que c'était de Janis Joplin. Et au fur et à mesure que les années passaient, j'ai voulu commencer à exprimer la reconnaissance de ce don. »

Et c'est comme ça, sur son lit étroit, un chapeau sur la tête et un verre de brandy à portée de main, qu'il nous chanta cette ballade de réminiscences.

Peut-être que le moment était venu de le mettre à l'épreuve avec une question simple, et pourtant complexe.

« Une question difficile – il y a une phrase dans cette chanson, 'je ne voudrais pas prétendre que c'est moi qui t'ai le plus aimée' qui semble suggérer que c'est très dur pour toi d'aimer qui que ce soit le plus, ou ce n'est pas… »

Par sa réponse, il détourna le sens de la question.

« Eh bien, cela signifiait, précisément, que je n'étais pas l'un des amis de Janis Joplin les plus intimes. Je ne connais pas sa vie en détail. Je tombais sur elle de temps à autre et je la connaissais un peu, mais c'était évident qu'il y avait entre nous un genre de connexion et je me sentais lié à elle, d'une façon particulière – mais je ne voulais pas me considérer, par souci de l'histoire ou de la vérité, comme l'un de ses amis intimes. Ce n'était pas le cas. »

J'insistai : « Mais en général, dans la perspective de la vie de Leonard Cohen, 'je ne voudrais pas prétendre que c'est moi qui t'ai le plus aimée', je me demande si

ce n'est pas ce que tu ressens assez souvent au sujet des femmes merveilleuses que tu as rencontrées.»

«Eh bien, tu sais, sans vouloir faire mousser ma fameuse modestie, je pense que c'est exact. Je ne voudrais pas prétendre que c'est moi qui t'ai le plus aimée, je veux dire que je pense qu'il y a des gens qui en aiment d'autres, en particulier dans ce cas précis, qui t'ont aimée mieux que je ne l'aie pu ou que je ne l'aie fait. Car le temps est aussi un critère dans l'estimation de l'amour, et il y avait des personnes qu'elle connaissait bien et qui la soutenaient et je dirais cela à plein de gens et de plein de gens que j'ai rencontrés.»

Et ce fut tout. Ce jour-là, cette question-là, peut-être trop intime et trop injuste, devait rester sans réponse.

«Ok, on va passer à une autre chanson qui – du moins il me semble – sonne comme un événement particulier. Je ne sais pas si j'ai raison ou pas, *Le fameux pardessus bleu*?»

«*Le fameux pardessus bleu.* J'ai fini les paroles pour cette chanson à New York dans un loft sur Clinton Street. Je crois que je t'ai déjà parlé de Clinton Street. À Clinton Street, il y a de la musique tous les soirs. J'ai commencé la mélodie pour cette chanson vers 1968. Je me souviens la jouer à ma mère dans sa cuisine alors qu'elle n'avait pas encore de paroles. Elle m'a dit que l'air lui plaisait. Les paroles sont venues un peu plus tard. Je pense que c'était au début des années soixante-dix, à peu près. Je vivais avec Marianna dans un loft sur Stanton Street et je revois encore ce carnet de notes, il avait une couverture bleue. Et j'ai commencé à écrire. En fait, je crois que j'ai ce carnet quelque part là-bas.»

Et c'était vrai. Il y avait une collection clairsemée d'objets dans cet endroit reclus au mobilier clairsemé.

« Quelle est la signification de cette photographie ou de ce dessin derrière toi, Leonard ? » C'était en fait un simple dessin.

«Je crois que c'est une gravure. Voyons ce que c'est ? Mon grand-oncle me l'a donnée. Le frère de ma grand-mère. Il me l'a donnée après la mort de ma grand-mère, il nettoyait l'appartement où elle avait vécu. Il m'a donné un bon nombre de choses. Ça, ce bureau aussi, c'était celui de ma grand-mère. Mais il m'a donné cette image. Je l'ai toujours trouvée belle. Je suppose que je devais l'admirer quand j'étais un gosse qui courait dans la maison de ma grand-mère et il me l'a donnée. »

«Tu as une photo de lui ? »

« Oui, il voyageait partout dans le monde. C'était un homme merveilleux et il était le genre d'oncle que tous les petits-enfants adorent. Il nous témoignait vraiment de l'intérêt, il jouait à des jeux avec nous et nous montrait son journal de bord. Il tenait un journal méticuleux de tout ce qu'il faisait, chaque jour de sa vie, et il disait, 'Est-ce que vous voudriez savoir ce que j'ai fait en 1925 le 11 janvier ?' Et il était capable de te dire ce qu'il avait fait. Ils avaient fait un voyage en Égypte et la Terre Sainte toute proche… ça devait être en 1911 à peu près. Et il posait sur la photo comme le faisaient les touristes à cette époque, sur un chameau en face du Grand Sphinx ou des pyramides. »

C'était le genre de photos que tous les touristes prennent en Égypte, chameau plan numéro un. On passa à autre chose.

« Ce livre derrière toi… c'est quoi ? »

« Ce livre est un livre écrit par le père de ma mère – mon grand-père. C'est un livre en hébreu. C'est un

dictionnaire hébreu intitulé *Le lexique des homonymes hébreux* avec des interprétations de sens, des analyses grammaticales et des références adéquates par Rabbi Solomon Klinetsky, auteur du livre *Les trésors des interprétations talmudiques*, qui est un glossaire des interprétations talmudiques.»

«Cette photographie de lui... il a l'air d'un universitaire très distingué. Tu te rappelles bien de lui ?»

«Je me souviens très bien de lui car il a passé la dernière année de sa vie ou presque à Montréal. Normalement, il vivait dans la ville de New York où il fréquentait ses vieux poteaux. Mais il est mort à Montréal et je l'ai bien connu pendant les derniers mois de sa vie.»

«Penses-tu que le poids de l'enseignement talmudique puisse expliquer ta propre quête du sens des choses ?»

«Non, j'avais déjà commencé à écrire lorsque je l'ai rencontré. Je crois que c'étaient les deux ou trois premières années. Et il témoigna de l'intérêt. Il n'était pas au mieux de sa forme dans ses dernières années mais il montra d'une certaine façon un sentiment de solidarité et de plaisir du fait que j'écrivais car il travaillait à ce moment-là sur un dictionnaire, un autre dictionnaire. Il vivait dans la pièce à côté de la mienne, moi j'écrivais sur ma machine à écrire et lui, il écrivait un dictionnaire, sans aucun livre de référence, soit dit en passant, il commençait par A et ainsi de suite. Je ne sais pas exactement sur quel genre de dictionnaire il travaillait, mais c'était un universitaire brillant. Et c'est intéressant, A.M. Klein a fait une critique de son livre quand il est sorti. Et oui, il avait un certain poids dans le monde en ce temps-là. Mais ah non, son exemple... sauf qu'il y avait un autre écrivain dans la famille comme encouragement. Mais tu sais, je ne l'ai pas

suffisamment connu pour qu'il puisse vraiment représenter une influence sur la durée.»

Puis ce fut au tour d'une autre photo, un homme affable avec une moustache militaire.

«Les photographies de ton père le montrent en uniforme. De quoi s'agissait-il ?»

Il y eut une certaine fierté dans sa réponse – le fils revendiquant le courage d'un père mort trop jeune.

«Mon père et mon oncle, et beaucoup de mes cousins se sont portés volontaires dans l'armée pendant la Première Guerre Mondiale. Je n'en suis pas sûr, mais je crois que mon père était l'un des premiers officiers, l'un des premiers officiers juifs dans l'Armée Canadienne. C'étaient des hommes très patriotes et des fervents défenseurs de l'Empire, ils considéraient ça comme leur devoir et ils ont été très fiers de l'accomplir.»

«Voilà qui m'amène à notre prochaine chanson, *Chef de camp Cohen*. As-tu joué avec ces médailles ? Est-ce que c'était quelque chose qui t'intéressait, est-ce que ça a un rapport avec le titre de la chanson ? Pourrais-tu décrire les circonstances de *Chef de camp Cohen* ?»

Sa réponse en a surpris plus d'un parmi ceux qui considéraient Leonard comme un être purement spirituel :

«Je ne me souviens pas exactement de la genèse de cette chanson, sauf que Chef de camp est une description ironique, bien que j'aie toujours aimé l'armée. En fait, mon père avait prévu de m'envoyer à l'Académie Militaire de Kingston. Et s'il avait vécu plus longtemps, j'aurais probablement été dans l'Armée Canadienne. *Chef de camp*, d'une certaine façon, je pense que c'est venu des tournées, au sens où quand tu es en tournée,

c'est ce genre d'autorité, plutôt qu'une autorité d'encadrement, car en fait tu es sur un champ de bataille et c'est le moment des décisions stratégiques. Et tu dois t'efforcer de garder ce groupe d'hommes et de femmes uni dans des circonstances parfois éprouvantes.»

Chef de camp Cohen, c'était notre principal espion, blessé dans l'exercice de ses fonctions, parachutant du LSD dans les cocktail party diplomatiques, pressant Fidel Castro d'abandonner fiefs et châteaux et, comme un homme, de tout quitter, rentrer vers rien de particulier, comme des salles d'attente et des queues aux guichets, et des suicides comme solution miracle et des marées d'océan du Messie et des montagnes russes raciales et d'autres formes d'ennuis énoncées comme poésie. Je sais que tu dois dormir maintenant,

et je sais que la vie t'a offert peu de répit, mais beaucoup d'hommes tombent pourtant tu devais monter la garde, tu l'avais promis.

Je ne l'ai jamais demandé, mais l'on m'a chuchoté que tu décris ton sort comme les malheureux et par quel hasard ai-je surpris ta prière d'être ça et rien de plus qu'un chouchou d'une femme fidèle et obligée, un chanteur millionnaire, l'archange de l'envie et l'épicier du désespoir œuvrant pour le Yankee Dollar? Je sais que tu dois dormir maintenant, et je sais que la vie t'a offert peu de répit, mais beaucoup d'hommes tombent pourtant tu devais monter la garde, tu l'avais promis.

Ma bien-aimée, viens et allonge-toi avec moi, si tu es ma bien-aimée. Et soit la plus suave de toi-même pendant un moment, mon petit. Puis, les autres toi seront célébrés, oui, laisse-les se manifester et venir

> *jusqu'à c'que chaque goût soit sur le bout de la langue, jusqu'à ce que l'amour soit transpercé et l'amour soit pendu, et toutes les libertés consumées, et alors, oh mon amour, oh mon amour, oh mon amour, oh mon amour.*[1]

«Je me demande si ça a quelque chose à voir avec ce qui semble quasiment chez toi un amour des privations, par exemple, comme ce poêle que tu as derrière toi, qui a l'air très modeste, si tu préfères.»

Leonard tourna mes tentatives d'interprétation à la dérision. Cela ne viendrait pas sur un plateau d'argent.

«Ce poêle est loin d'être modeste. C'est un modèle sophistiqué de poêle et il fournit de la chaleur tout à fait convenable et généreuse à mon appartement. Ce n'est pas un modèle modeste, c'est un modèle sophistiqué.»

Visiblement, je n'allais nulle part avec ce champ de questions. La réponse viendrait par d'autres biais.

---

1. Field Commander Cohen, he was our most important spy, wounded in the line of duty, parachuting acid into diplomatic cocktail parties, urging Fidel Castro to abandon fields and castles, leave it all, and, like a man, come back to nothing special, such as waiting rooms, and ticket lines, and silver bullet suicides, and messianic ocean tides, and racial roller-coaster rides, and other forms of boredom advertised as poetry. I know you need your sleep now, I know your life's been hard, but many men are falling where you promised to stand guard./ I never asked but I heard you cast your lot along with the poor. How come I overheard your prayer that you be this and nothing more than some grateful, faithful woman's favorite singing millionaire, the patron saint of envy and the grocer of despair, working for the Yankee dollar ? I know you need your sleep now, I know your life's been hard, but many men are falling where you promised to stand guard./Lover, come and lie with me, if my lover is who you are. And be your sweetest self a while, until I ask for more, my child. Then let the other selves be sung, yes, let them manifest and come 'til every taste is on the tongue, 'til love is pierced and love is hung, and every kind of freedom done, then oh my love, oh my love, oh my love, oh my love.

«Je passe à une autre chanson qui, je pense, a un début très complexe, *Les invités.*»

«*Les invités.* Un par un, les invités arrivent, les invités apparaissent. Ceux au grand cœur, nombreux, ceux au cœur brisé, peu.»

«D'où est-ce que ça vient, ça? Ça n'a pas un rapport avec un poète perse, ou dans ce style?»

«Je pense que ce type d'images peut être retrouvé partout dans la littérature. Le poète perse Rumi utilise beaucoup cette idée des invités. Le festin, la fête et les invités. C'est quasiment impossible de parler de ce moment de semence, quand la chanson naît. Tu sais, c'est éloigné de la chanson. Je pourrais décrire la chanson, mais c'est éloigné de la chanson. Cela pourrait être la venue de l'âme au monde… il y a cette notion que l'âme fait une fête, se rend à un festin, qu'il y a un banquet. Elle aspire à connaître l'hospitalité de ce monde. Mais elle n'y arrive pas, elle se sent seule. C'est l'expérience de chacun d'entre nous. Elle se sent perdue. Elle titube aux frontières de la fête. Si le désir est suffisamment profond, ou si la grâce des hôtes est tournée vers l'invité errant, alors, soudain, les portes s'ouvrent de l'intérieur et elle se retrouve, l'âme se retrouve attablée au banquet, bien que personne ne sache vraiment où va la nuit et que personne ne comprenne ce mécanisme de la grâce, mais ça nous arrive quand même de temps en temps.»

C'est une chanson qui m'a hanté et me hante toujours, comme des fleurs sauvages d'une beauté extraordinaire, violettes et roses et blanches, dans les hautes herbes de nos vies. «C'est une chanson qui est devenue très populaire en France je crois, non?»

« C'est curieux, au sujet de cette chanson – je pense que c'est à cause du chœur, le bel arrangement des chœurs qu'a fait Jennifer Warnes et qui a peut-être contribué à la popularité de cette chanson. »

« Ok, bon, on passe à *Ma femme bohème* – Où, où donc peut bien être ma femme bohème ce soir ? »

« *Ma femme bohème.* »

Il joua l'accord sur sa guitare, un regard nostalgique en direction d'un ailleurs inconnu.

« Où, où donc peut bien être ma femme bohème ce soir ? Bon bon, je dois mettre en avertissement à toute explication de ces chansons qu'il n'y a vraiment pas de note de bas de page à cette chanson, parce que si je pensais qu'il y avait une note de bas de page pour cette chanson, j'aurais inclus cette information dans la chanson elle-même. Ce qui m'intéresse, c'est que la chanson tienne debout sans note de bas de page ou sans commentaire. Et c'est le signe d'une chanson aboutie – qu'elle n'a pas besoin d'autre chose. Mais dans un but d'information ancillaire et auxiliaire, on pourrait dire que cette chanson est écrite pour ma femme bohème, ou ma femme qui est partie, ou la femme qui est partie. On pourrait le voir comme la femme est partie de ma vie personnelle…

Tu vois, ah, *Ma femme bohème* est l'une de mes dernières chansons et celle que j'ai écrite le plus rapidement. Je l'ai écrite à Los Angeles à peu près quand j'ai commencé mon enregistrement, c'était en mars ou en avril dernier. Et la chanson était prête en trois mois environ. Et bien sûr mon mariage partait en vrille à ce moment-là et dans un sens, elle a été écrite pour ma femme bohème, autrement dit pour l'épouse qui était en train de se barrer. Mais d'un autre côté, c'est

juste une chanson sur la façon dont les hommes et les femmes se sont mutuellement perdus. Que les hommes et les femmes se sont barrés séparément et sont devenus des bohémiens, des étrangers les uns pour les autres. Le dernier vers dit –‘ tu ne peux toucher ni homme ni femme, mais toi, si tu te mets entre eux, tu seras jugé !’ En d’autres termes, même si d’une certaine façon on est déjà en pleine catastrophe psychique, ce n’est pas une raison d’en profiter et c’est en gros ce que dit la chanson. »

La conversation allait bon train.

« C’est la guerre entre… ? »

« …les riches et les pauvres… C’est la guerre entre les riches et les pauvres, c’est la guerre entre les hommes et les femmes. C’est une version antérieure, et, j’imagine, une version beaucoup moins charitable de la situation critique. Mais c’est important d’avoir ça car même au beau milieu, au beau milieu de ce déluge, ou catastrophe où l’on se trouve, ce sont des jours de déluge, ce sont les jours derniers. Dans un sens, toutes les institutions sont ou ont été balayées. Et la question éthique est, quel est le comportement convenable, quel est le comportement approprié au beau milieu de la catastrophe, au beau milieu du déluge. Cette chanson était un genre de cri de guerre pour galvaniser les participants et les informer qu’il y avait un conflit. Mais c’est une chanson qui manque de charité et c’est très difficile de la chanter correctement, sans qu’elle sonne comme un slogan, sans qu’elle soit imprégnée d’amertume. Il y a une façon juste de la chanter. Je ne crois pas avoir encore découvert la bonne façon. »

«Y a-t-il une guerre entre eux – les hommes et les femmes ? Tu es d’accord ? »

« Eh bien, c'est la guerre. Il est incontestable que la vérité s'est dissoute. Il y a des tas de raisons, remontant à des temps antérieurs, qui justifieraient de respecter la vérité entre les hommes et les femmes. Il y a des tas de choses qui devaient être faites en commun, et en communauté et dans la communion, mais ces raisons se sont dissoutes et la guerre s'est imposée, elle a éclaté dans l'esprit de chacun. Je pense que c'est une vision très primitive et élémentaire de la situation. »

« *La fenêtre* est une nouvelle chanson, je crois. »

« Ouais ouais. »

Pourquoi te tiens-tu à la fenêtre
en proie à l'orgueil et la beauté ?
l'épine de la nuit dans le sein,
le glaive de l'âge à tes côtés ;
perdu dans les délires des odeurs
perdu dans les débris du remord
perdu dans le déclin d'une maladie
qui détend les nerfs aigus argentés.

Ô amour élu, ô amour gelé
Ô nœud de matière et de fantôme.
Ô chéri des anges, démons et des saints
Et l'hôte de tous les cœurs brisés –
Apaise cette âme.

Éloigne-toi du nuage de l'ignorance
et embrasse la joue de la lune ;
le langage de la solitude est brisé,
pourquoi rester solitaire et troublé ?
Et ne laisse aucun mot d'inconfort,
Et ne laisse aucun témoin endeuillé,
mais escalade tes larmes et garde le silence
comme la rose sur son échelle d'épines

Eh bien jette ta rose au feu,
le feu s'en remet au soleil;
le soleil passe à la splendeur
dans les bras de l'Être Très Haut et Sacré,
car l'Être Sacré rêve d'une lettre,
rêve de la mort d'une lettre –
ô bénis le bégaiement sans trêve
du verbe devenant chair.

Ô amour élu, ô amour gelé
Ô nœud de matière et de fantôme.
Ô chéri des anges, démons et des saints
Et l'hôte de tous les cœurs brisés –
Apaise cette âme.
Apaise cette âme.[1]

« Est-ce que cette chanson s'est développée à partir d'une image, je suis curieux. Pourquoi te tiens-tu à la fenêtre en proie à l'orgueil et la beauté ? Était-ce quelque chose que tu avais dit ? »

---

1. Why do you stand by the window/ abandoned to beauty and pride ? / the thorn of the night in your bosom, /the spear of the age in your side ; /lost in the rages of fragrance, / lost in the rags of remorse, /lost in the waves of a sickness/that loosens the high silver nerves. /O chosen love, O frozen love/O tangle of matter and ghost. / O darling of angels, demons and saints/ and the whole broken-hearted host –/Gentle this soul. /Come forth from the cloud of unknowing /and kiss the cheek of the moon ; / the code of solitude broken, /why tarry confused and alone ? /And leave no word of discomfort, / and leave no observer to mourn, /but climb on your tears and be silent/like the rose on its ladder of thorn. /Then lay your rose on the fire ; /the fire give up to the sun ; /the sun give over to splendor/in the arms of the High Holy One ; /for the Holy One dreams of a letter, / dreams of a letter's death –/ oh bless the continuous stutter/of the word being made into flesh. /O chosen love, O frozen love/O tangle of matter and ghost. /O darling of angels, demons and saints/ and the whole broken-hearted host –/ Gentle this soul, /gentle this soul.

«J'ai essayé plein plein de versions de cette chanson et ça faisait plus d'un an que j'essayais d'écrire des paroles pour cette chanson et j'ai des tas de versions de cette chanson, pour les paroles. La mélodie, je l'ai bouclée assez vite et elle me plaisait. Là, juste derrière toi, il y a des piles de pages de tentatives de paroles pour cette mélodie. Tu sais, c'est difficile d'isoler, indiquer ou expliquer ce moment précis où ce genre de langage très précis et explicite, qu'on appelle la poésie, arrive et te satisfait car c'est vraiment basé sur les harmoniques et ce langage, plutôt que les mots en eux-mêmes.»

«Il y a beaucoup d'images dans ces paroles en particulier – de chéris, de démons, d'anges et de saints...»

«Ce chéri pour toi, bien sûr, le mot chéri, maintenant, a un tas de connotations. Tu sais, si ce genre de choses t'intéresse, ce que je n'attends pas de grand-monde sauf des experts et des techniciens de cet art lui-même, mais *Charlie est mon chéri*, cette chanson *Charlie est mon chéri*. Ce ne sont pas juste des mots doux entre hommes et femmes. Ça a une autre connotation. Donc, les chéris des anges, les démons et les saints et tout cet hôte au cœur brisé signifie que celui qui est adoré et chéri de tout, par tous les habitants du cosmos, c'est l'élu. C'est le Christ, ou c'est le Messie, ou c'est le Rédempteur, c'est l'aspect le plus élevé de notre propre être qui a cette capacité régénératrice. Mais tout ceci, tout ce genre d'explication est hors de propos quant à la musique du passage qui évoque ces choses. Car à partir du moment où cette évocation est voilée ou obscurcie par ce type de mécanisme dans le cœur ou l'esprit qui désire une telle explication, ça veut dire que la chanson n'a pas réussi.»

«Je crois que *Hé, tu ne peux pas partir comme ça* est une chanson plus ancienne, non ? Ça remonte à ta période à Hydra.»

«Cette chanson a été écrite à l'hôtel Henry Hudson sur la 57ème rue à New York. Je crois qu'elle a été commencée… j'ai oublié le nom de l'hôtel dans le Village, pas le Chelsea, c'était un autre hôtel où descendaient plein de musiciens – je n'arrive plus à me souvenir de son nom. Bon bref, elle a été commencée dans cet hôtel et finie au Henry Hudson et c'était encore un de ces poèmes, une autre de ces chansons qui ont été commencées et finies vite et facilement… qui l'allume, qui l'éteint, et ce n'est pas quelque chose qui convient à des paroles de conversation. Ça convient à ce genre de chanson, ou ce genre d'expression.»

J'ai essayé de te quitter…

Maintenant, il était assis perché comme un oiseau sur son lit.

«La dernière phrase a été changée par quelqu'un. La dernière phrase, elle était un peu différente, *Hé, tu ne peux pas partir comme ça.* J'ai rencontré une femme à Toronto à cette époque, elle travaillait pour la CBC, elle s'appelait Myra, ou Moira, et je lui ai chanté la chanson, elle a beaucoup aimé. Et quand elle l'a chantée pour moi, elle a légèrement changé la mélodie dans la dernière phrase et je me suis tout de suite aperçu que ça l'améliorait et donc je l'ai intégrée. Ça arrive parfois. Les personnes avec qui tu travailles ou les musiciens modifient légèrement une chanson et l'améliorent.»

«Je me demande si je pourrais entendre la fin ? Tu pourrais la jouer, juste…»

« C'est dur d'aller directement juste là. Mais j'ai oublié ce qu'était ma version initiale. Ça ne rendait pas autant service à la chanson que celle que j'utilise maintenant. »

« On dirait que ça va bien avec le lit étroit pourtant. »

Nous avions maintenant déménagé dans son séjour, une pièce qui me semblait être celle d'un cœur hanté.

« *L'histoire d'Isaac*, quelle est l'histoire de *L'histoire d'Isaac* ? »

« *L'histoire d'Isaac*, je ne me souviens pas de grand-chose à son sujet. En fait, je me rappelle que j'écrivais ça alors que je vivais au Landmark Hotel à Los Angeles. En fait, Janis Joplin y vivait aussi à ce moment-là. Je crois que Bobby Newirth y vivait aussi, il y avait quelques personnes qui y vivaient. Je l'avais déjà commencée, je crois que je l'ai commencée là-bas, je travaillais sur les paroles pendant cette période. »

« D'une certaine façon, ça semble en même temps biblique et personnel. 'J'avais neuf ans', et ça parlait de ton père, ou d'un père. C'est dedans, non ? »

« Il y a ça dedans. 'La porte s'ouvre lentement, mon père, il entra, j'avais neuf ans'. Tu dois avoir la force d'une émotion réelle, pour porter la chanson tout le long, du début jusqu'à la fin. C'est si complexe d'établir une relation entre toi et le sacrifice, ou ton père et Isaac. Qui est le sacrifice ? J'ai oublié cette histoire maintenant. C'était Abraham ou Isaac ? »

« Abraham et Isaac. »

« Isaac est sur le point d'être sacrifié. »

Il semblait réticent à continuer sur cette lancée et donc, nous passâmes de nouveau à autre chose.

«C'est sûrement plus simple, j'imagine, de parler des quelques chansons que tu as faites avec Phil Spector. Comment c'est arrivé ?»

«Phil Spector… nous avions un ami en commun et on nous a présentés. Et j'étais enfermé dans sa maison un soir, je lui rendais visite et il a verrouillé sa porte. Apparemment, c'est sa façon de faire, il ferme la porte à clé de l'intérieur pour qu'il puisse être le seul à décider quand ses invités partiront. Et il contrôle son environnement avec beaucoup de précautions. Tu ne peux pas allumer de lumière. Et il garde l'endroit à une température de dix degrés, donc en général, tu dois porter un manteau. Mais j'ai toujours beaucoup aimé son travail. J'adorais ses chansons. Je ne sais pas si tu te souviens de ses chansons. '*Le connaître, c'est l'aimer*[1]' – [il chante] Il a des chansons géniales. Déjà à l'époque de *Rivière profonde-Montagne haute*[2]avec Tina Turner. C'est probablement l'innovateur le plus influent de la musique qu'on appelle aujourd'hui le rock. Un vrai génie. Je lui rendais visite un soir et il ne me laissait plus sortir de chez lui alors j'ai dit, puisque je dois être ici on n'a qu'à se mettre au travail et faire quelque chose. Et donc on a commencé à travailler sur des chansons et on a écrit pas mal de chansons très très rapidement. Et l'une d'elles est la chanson que je chante dans ce concert intitulé *Memories*. '*Frankie Laine chantait Jezebel*'. Frankie Lane était l'un de mes chanteurs préférés, il l'est toujours d'ailleurs. Je ne sais pas si tu connais cette chanson, *Jezebel* ?»

---

1. To Know Him is to Love Him
2. River Deep–Mountain High

En concert, Leonard fait un véritable strip tease musical sur scène. Il irradie d'un enthousiasme et d'une vitalité qui lui mettent le public à ses pieds.

Frankie Laine chantait Jezebel
J'accrochai une Croix de Fer à mon col
Je marchai vers la fille la plus grande
Et la plus blonde
Et je dis : « Écoute, tu ne me connais pas encore,
Mais tu me connaîtras bientôt ;
Alors s'il te plait laisse-moi regarder,
laisse-moi regarder,
laisse-moi regarder ton corps dénudé. »

Elle dit : « Emmène-moi discrètement par la danse
dans un coin de la gym isolé
Il y a pas mal de chances
pour que je te laisse presque tout essayer
Je sais que tu es affamé
Je l'entends à ta voix
Et il y a beaucoup en moi à toucher
Tu n'auras que l'embarras du choix.
Mais non tu ne peux pas regarder
non tu ne peux pas regarder
non tu ne peux pas regarder mon corps dénudé.

On danse serrés joue contre joue
Stardust, c'est la chanson que le groupe joue
Serpentins et ballons
flottent au-dessus de nous
Elle dit, « Tu n'as plus que trente secondes
pour tomber amoureux. »
Dans ce genre de moments sérieux
je garde ma confiance
et toute ma foi pour regarder

toute ma foi pour regarder
toute ma foi pour regarder son corps dénudé.[1]

Je lui demandai pourquoi c'était si différent. Ça semblait si différent des autres chansons en concert. *Iodine* était-elle de lui aussi ?

« Oui, j'ai fait *Iodine*. Mais j'ai arrêté de jouer *Iodine*. Notre version n'était pas très bonne. »

« Ah, quelques chansons plus anciennes dont les gens semblent ne pas se lasser. Si tu pouvais juste parler un peu, brièvement, de *Suzanne*. »

« *Suzanne*, je l'ai écrite à Montréal. Je travaillais sur la mélodie et l'idée. Le paysage qui était décrit dans la chanson était celui autour de l'église Notre Dame de Bon Secours, qui est juste en bas de la rue. C'était le feeling de cette chanson, ces immeubles, le Saint Laurent, Notre Dame du Port est Notre Dame de Bon Secours. Et j'avais la mélodie, ou j'avais l'accompagnement et puis l'une de mes amies de longue date, qui s'appelle Suzanne, m'a invité chez elle, près de la rivière et elle m'a servi des oranges et du thé qui venait

1. Frankie Laine was singing Jezebel/I pinned an Iron Cross to my lapel/I walked up to the tallest/and the blondest girl/I said, "Look, you don't know me now /but very soon you will; /so won't you let me see, /won't you let me see, /won't you let me see your naked body?" /She said, "Just dance me/to the dark side of the gym/Chances are, /I'll let you do most anything/I know if you're hungry/I can hear it in your voice/and there are many parts of me to touch/ you have your choice. /But no, you cannot see. / no, you cannot see, /no, you cannot see my naked body." /We're dancing close, /the band is playing Stardust/ Balloons and paper streamers/ floating down on us/She says, "You've got a minute left/to fall in love."/In solemn moments such as this/I've put my trust/and all my faith to see, /all my faith to see. /all my faith to see her naked body.

tout droit de Chine. Et, tu vois, la pureté de cet événement n'a été ternie par aucune concupiscence et la chanson est quasiment documentaire. C'est juste une évocation exacte de ce qui s'est passé très précisément. Mais la chanson était née. C'est comme si elle m'avait tendu la semence de la chanson.

C'est la chanson et c'est le paysage du Vieux Montréal, c'est l'église. Elle devient bien sûr Notre Dame du Port. Notre Dame de Bon Secours, Notre Dame de Bonne Santé, est son église qui existe déjà. Mais Suzanne devient une incarnation de cette église pour les marins. C'est une église pour marins. À l'intérieur de l'église, il y a des miniatures de bateaux suspendues. C'est l'église en face de la rivière et c'est là où les marins sont bénis par l'église. Donc le vers suivant passe facilement, tu vois, à l'idée que Jésus était un marin, coulant dans la sagesse comme une pierre. Donc, tu vois, tu pourrais établir une vraie cohérence dans cette chanson si c'est là où tu veux aller, c'est-à-dire, si tu aimes faire ce genre de choses. Mais ça tient ensemble tout seul, vraiment aisément.»

Suzanne t'entraîne
chez elle près de la rivière
tu entends les bateaux passer
tu peux passer la nuit à ses côtés
tu sais qu'elle est à moitié givrée
mais c'est pour ça que tu veux être là
et elle t'offre des oranges et du thé
venu tout droit de Chine
et juste au moment où tu veux lui dire
que tu n'as pas d'amour à lui donner,
elle te met sur sa longueur d'ondes
et laisse à la rivière le soin de te répondre
que tu as toujours été son amant

Et tu veux voyager avec elle
Et tu veux voyager les yeux fermés
Et tu sais qu'elle peut te faire confiance
Car tu as touché son corps parfait
Avec ton esprit.

Et Jésus était un marin
lorsqu'il a marché sur l'eau
et il a observé très longtemps
de sa tour en bois solitaire
et quand il a été certain
qu'il n'était vu que des hommes se noyant
il a dit Tous les hommes seront des marins
jusqu'à ce que la mer les libère.
Mais lui-même était déjà brisé
bien avant que le ciel puisse se déployer
abandonné, presque humain
il coula dans votre sagesse comme une pierre.

Et tu veux voyager avec lui
Tu veux voyager les yeux fermés
Et tu songes à lui donner ta confiance
Car il a touché ton corps parfait
Avec son esprit.

Maintenant Suzanne te prend par la main
et te conduit à la rivière
elle porte un boa et des nippes farfelues
des friperies de l'Armée du Salut
Et le soleil se déverse comme du nectar d'or
sur notre dame du port
Et elle te montre où regarder
parmi les fleurs et les déchets
Il y a des héros dans les algues
Il y a des enfants le matin

Ils se penchent par amour
Ils se pencheront comme ça toujours
pendant que Suzanne leur tend le miroir

Et tu veux voyager avec elle
Et tu veux voyager les yeux fermés
Et tu sais que tu peux lui faire confiance
Car elle a touché ton corps parfait
Avec son esprit.[1]

Leonard enchaîna : « Mais bien sûr, tu ne peux pas prétendre que c'est vraiment grâce à toi, les chansons très bonnes comme celles-ci, parce que tu commences chaque chanson avec l'intention d'en écrire une bonne. Alors donc, qu'est-ce qui fait qu'une fois, tu vas écrire

---

1. Suzanne takes you down/ to her place by the river/you can hear the boats go by/you can spend the night beside her/And you know that she's half crazy/but that's why you want to be there/and she feeds you tea and oranges/that come all the way from China/And just when you mean to tell her/that you have no love to give her/then she gets you on her wavelength/ and she lets the river answer/that you've always been her lover. /And you want to travel with her/And you want to travel blind/And you know that she can trust you/For you've touched her perfect body/With your mind. /And Jesus was a sailor/when he walked upon the water/and he spent a long time watching/from his lonely wooden tower/and when he knew for certain/only drowning men could see him/he said All men will be sailors then/ until the sea shall free them. /but he himself was broken/ long before the sky would open/forsaken, almost human/he sank beneath your wisdom like a stone/And you want to travel with him/you want to travel blind/and you think maybe you'll trust him/ for he's touched your perfect body/with his mind. /Now Suzanne takes you hand/and she leads you to the river/she is wearing rags and feathers/from Salvation Army counters/And the sun pours down like honey/on our lady of the harbor/ And she shows you where to look/among the garbage and the flowers. / There are heroes in the seaweed/there are children in the morning/they are leaning out for love/they will lean that way forever/while Suzanne holds the mirror/And you want to travel with her/you want to travel blind/ and you know that you can trust her/for she's touched your perfect body/ with her mind

très très bien et une autre fois très mal et parfois de façon médiocre ?»

«Je me demande si la ville de Montréal et le fait qu'elle soit un port n'a pas quelque chose à voir avec cette configuration des pensées qui vont et viennent. On dirait qu'il y a beaucoup d'activité, de gens qui passent par ici, qui partent et arrivent.»

«Eh bien oui, je le pense aussi. Le port a eu une grande importance. La chanson *De passage* est une chanson que j'ai apprise à quinze ans, d'un fervent socialiste que je connaissais. Cette version-là de cette chanson est tirée du *Livre de chansons populaires*, qui est un livre de chansons né de l'intérêt que les socialistes portaient, il y a un certain temps, à la musique populaire, c'est toujours le cas d'ailleurs. Ça venait des Almanac Singers, qui sont par la suite devenus Weavers, c'est le groupe dont faisait partie Pete Seeger – le livre a été publié par John Lomax. Le livre en lui-même a eu une grande influence sur moi, il a beaucoup contribué à mon intérêt pour la chanson et la composition. Je suis tombé dessus quand j'avais quinze ans environ.»

«Marianne, était-ce une personne qui a réellement existé ?»

«Oui. J'ai vécu avec Marianne pendant longtemps. Je l'ai rencontrée en Grèce et on a vécu ensemble pendant des années.»

«Elle semble être la chanson la plus populaire parmi toutes tes premières chansons. As-tu une idée du pourquoi ?»

«Je pense que c'est une bonne chanson. Elle est pleine d'une émotion qui était authentique. Elle a trouvé sa place. C'est très difficile à dire, tu vois, pourquoi une chanson marche ou ne marche pas. Mais Marianne est

une muse et beaucoup d'écrivains ont écrit des chansons pour elle, c'est l'une d'entre elles.»

«Mais en fait, tu lui dis au revoir. On dirait que tu dis au revoir à pas mal de gens.»

«C'est vrai, eh bien, il y a des écrivains qui, dans leurs chansons, disent bonjour aux gens et d'autres qui disent au revoir. Et tu sais que je suis plutôt un écrivain d'élégies – comment tu prononces ce mot?»

«C'est comme ça.»

«Des élégies, du moins dans cette phase spécifique. En fait, tu vois, je pense que pour beaucoup d'écrivains, la création a un caractère prophétique. Je ne veux pas dire au sens cosmique ou religieux, mais juste en ce qui concerne sa vie à soi – on écrit généralement sur des événements qui n'ont pas encore eu lieu. C'est la bonne occasion d'écrire des chansons, souvent, tu traites de l'événement. C'est le genre d'événements qui ont une teneur émotionnelle. Et ce sont des moments appropriés à traiter par ce genre d'expression.»

«Et *The Stranger Song*?»

«Ça, c'est une bonne chanson. J'ai écrit *The Stranger Song* sur une période assez longue mais je l'ai finie à l'hôtel Penn Terminal sur la 34ème rue à New York. Je l'avais écrite dans plein d'endroits différents, ici, et en Grèce et dans les avions. J'ai tout un tas de feuilles de brouillon remplies de paroles de cette chanson.»

«Ah, au cours de notre conversation, tu mentionnes un tas d'hôtels, et un tas d'endroits et en tournée, ça a l'air d'être un moyen assez dingue de gagner sa vie, si on peut dire.»

«Mais parce qu'il y a plein d'hôtels. Tu vois, quand j'ai commencé à gagner ma croûte, mon niveau de vie s'est

dégradé à la vitesse grand V. Parce qu'avant, quand je n'avais pas d'argent, je vivais dans une maison magnifique en Grèce pour environ 1100 dollars par an. C'était le total de mes dépenses et tu avais le soleil et ces pièces blanches avec Marianne, une vie très riche et productive. Et puis j'ai commencé à gagner de l'argent et je me suis retrouvé à vivre dans des chambres d'hôtel, à passer du temps dans les aéroports et les bus, des chambres très moches partout dans le monde sous des climats horribles. Donc mon niveau de vie réel s'est considérablement dégradé quand j'ai eu de l'argent. Bon, c'est très difficile de donner une explication métaphysique de pourquoi tu fais certaines choses. J'imagine que je le faisais car j'étais pris par les chansons – et par la frénésie de toucher beaucoup de gens.»

«Et maintenant?»

«D'un côté, je ne veux pas faire de déclaration dramatique de renonciation. Ces déclarations, de toute façon, sont erronées la plupart du temps. J'ai l'impression qu'il y a un nouvel esprit dans mon travail. Peut-être que cette dernière série de chansons, et celles que j'écris actuellement n'auront pas ce caractère, plus ce caractère élégiaque. Qu'il y a, oui, il y a un nouvel esprit dans mes chansons.»

«J'ai trouvé intéressant que l'une de tes chansons s'intitule *Un chanteur doit mourir.*»

«'Un chanteur doit mourir s'il ment dans sa voix', c'est le vers entier. Je pense que c'est vrai. C'est dur de regarder une chanson avec le recul et de tenter de découvrir l'esthétique ou le raisonnement sous-jacent. Une vraie chanson n'a pas de raisonnement. Mais je pense que l'une des choses que j'essayais de dire,

c'est que tu ne peux pas simuler une chanson ou un poème ou une œuvre d'art, ou même ce qu'un homme est au monde… Ça dépérit si ce n'est pas basé sur, sur quelque chose d'authentique et quelque chose de vrai. Autrement dit, tu peux mentir pendant un petit moment, peut-être, dans ce qu'on appelle l'art, mais ce mensonge ternit une œuvre d'art très rapidement. Et si ce n'est pas effectivement basé sur des expériences vraies et l'expression vraie de cette expérience, c'est inévitable que, tôt ou tard, ça dépérisse. Et… 'Un chanteur doit mourir s'il ment dans sa voix'. »

Puis ce fut au tour de quelques chansons qui donnèrent lieu à des réponses étonnantes.

En voici quelques-unes.

« 'Chère Dame, Reine de la Solitude, de *Notre Dame de la Solitude*'. Tu vois, j'aime toutes les formes qui peuvent exister. Je ne pense pas que ce soit nécessaire de balayer l'Église Catholique, ou de revitaliser les institutions juives, ou de changer radicalement la forme des choses. Et je suis ravi d'écrire à la vierge. J'ai ma propre idée de ce qu'est *Notre Dame de la Solitude*, tu sais, je pourrais élaborer une construction de cette idée afin de pouvoir dire quelle est la partie la plus intime de la psyché – celle avec laquelle nous devons rester en contact. Qu'elle a un caractère féminin. Que tu dois t'ouvrir à un genre de passivité… tu dois affirmer ta propre passivité à certains moments de ta vie pour être régénéré ou pour être revivifié dans des moments de souffrance ou d'aliénation. Et c'est une approche, une allocution à cette partie de la psyché qui est silencieuse et réceptive et qui ne peut s'affirmer qu'à travers le silence et la passivité. »

« Qui sont les *Sœurs de miséricorde* ? »

«Les Sœurs de miséricorde étaient en fait deux jeunes femmes que j'ai rencontrées pendant une tempête de neige à Edmonton, Alberta. Elles sont venues dans ma chambre d'hôtel et il y avait quelque chose de…oh… très agréable à leur compagnie. Elles n'avaient pas d'endroit où passer la nuit et elles se sont endormies dans mon lit et je suis resté éveillé et je me souviens que c'était la pleine lune. J'avais l'impression que je devais leur dire quelque chose quand elles se réveilleraient, et ça a été l'une des rares et exquises occasions où j'ai été capable d'écrire une chanson du début à la fin en l'espace de quelques heures. Pendant qu'elles dormaient, je travaillais sur la chanson. Et quand elles se sont réveillées, je leur ai chanté ma chanson. Elle était complète et aboutie, et elle leur a plu. Elles s'appelaient Barbara et Lorraine.»

«Elle a été utilisée par Robert Altman dans un film. Comment es-tu entré en relation avec Robert Altman ? Comment est-ce arrivé ?»

«Robert Altman m'a appelé. J'étais en train d'enregistrer à Nashville et il m'a retrouvé et il m'a dit qu'il voulait utiliser la musique de mon premier album dans un film qu'il était en train de tourner, qui s'appelait *McCabe and Mrs. Miller*. Et que ce n'était pas juste parce qu'il voulait de la musique pour son film, mais qu'il avait écrit et conçu son film en écoutant le disque. Dans un sens, ces chansons étaient la genèse de ce film et il en avait absolument besoin, elles en faisaient déjà partie. Alors, il m'a montré quelques prises brutes de son film, et bien sûr, j'ai dit oui et c'est comme ça que c'est arrivé.»

«Est-ce que ça a changé ta vie? D'être le compositeur d'un film ?»

« Pas le moins du monde, pas le moins du monde. Bien que le film soit diffusé largement, il n'a pas vraiment été considéré comme le classique qu'il est devenu quelques années plus tard. Et donc il n'a pas beaucoup attiré l'attention à sa sortie. »

« Je suppose que l'une des fonctions du poète est de poser des questions. Et l'une des chansons que j'aime beaucoup, c'est *Qui par le feu ?* Ça ressemble à une série de – … »

Il me coupa.

« 'Qui par le feu ? Qui par l'eau ?' Cette chanson est directement inspirée d'une prière hébraïque qui est chantée le Jour du Grand Pardon, ou le soir du Jour du Grand Pardon. 'Qui par le feu ? Qui par l'épée ? Qui par l'eau ?' Selon la tradition, à ce moment-là, le livre de la vie est ouvert et dedans sont inscrits tous ceux qui vont vivre et tous ceux qui vont mourir l'année suivante. Et la prière passe en revue tous les différents moyens de quitter cette vallée de larmes. Si la mélodie n'est pas entièrement copiée, en tout cas, elle est définitivement inspirée de celle que j'entendais enfant dans la synagogue. Mais bien sûr, la conclusion de la chanson telle que je l'ai écrite est un tant soit peu différente. 'Qui puis-je annoncer ?' »

« Qui appelle ? »

« C'est ce qui fait pour moi de cette chanson une prière, selon mes critères, c'est-à-dire, qui est-ce ou qu'est-ce qui décide celui qui va vivre et celui qui va mourir ? Quelle est la source de ce grand fourneau de la création ? Qui l'allume ? Qui l'éteint ? »

Dans le film, j'ai marié ses paroles au son très mélancolique du Chantre.

Même aujourd'hui, quand, tous les deux ou trois ans, je suis au temple, je prie avec la chanson de Leonard.

[Musique du chantre/ la mandoline commence]

Qui par le feu ? Qui par l'eau ? Qui sous les rayons du soleil ? Qui la nuit ?

Qui à travers de dures épreuves ? Qui par jugement ? Qui en ce joli, joli mois de mai ? Qui par une très longue décrépitude ? Et qui puis-je annoncer ?

Qui dans sa descente solitaire ? Qui par barbituriques ? Qui dans ces royaumes de l'amour ? Qui par objet contondant ? Qui par une avalanche ? Qui par la poudre ? Qui par sa convoitise ? Qui par son appétit ? Et qui puis-je annoncer ?

Qui par une ascension courageuse ? Qui par accident ? Qui dans la solitude ? Qui dans le miroir ? Qui sur les ordres de sa compagne ? Qui de ses propres mains ? Qui par des chaînes mortelles ? Qui au pouvoir ? Et qui puis-je annoncer ?[1]

En tournée… Je devins un voyageur dans des contrées étrangères – le monde d'une superstar musicale. Maintenant que j'y repense, les seules occasions où

---

1. Who by fire ? Who by water ? Who in the sunshine ? Who in the night time ? Who by high ordeal ? Who by common trial ? Who in your merry, merry month of May ? Who by very slow decay ? And who shall I say is calling ? /Who in her lonely slip ? Who by barbiturate ? Who in these realms of love ? Who by something blunt ? Who by avalanche ? Who by powder ? Who for his greed ? Who for his hunger ? And who shall I say is calling ?/ Who by brave ascent ? Who by accident ? Who in solitude ? Who in this mirror ? Who by this lady's command ? Who by his own hand ? Who in mortal chains ? Who in power ? And who shall I say is calling ?

j'ai fait l'expérience de la foule à ce point-là étaient pendant la courte période où j'ai vécu au Mexique et où je fréquentais les courses de taureaux du dimanche. La foule, la masse, les fans acclamaient l'élégance, la splendeur en danger, et par-dessus tout, ils acclamaient le sang. La tournée de Leonard l'emmenait le plus souvent dans des stades de sport et, à l'occasion, des salles de concert prestigieuses, un périple épuisant jusqu'au seuil de la souffrance.

Je pensais avoir tout minutieusement prévu pour la tournée. La caméra était neuve, le stock de pellicule vérifié et revérifié. La position de la caméra étudiée comme si j'étais un tireur d'élite prêt au combat. Nous avions même fait en sorte que notre propre bus de tournée se joigne aux forces du 'Chef de Camp Cohen'. Nous étions prêts pour la bataille du chant. J'avais tout prévu, sauf la Belgique.

Vous vous dites, quoi, la Belgique ?

Oui, la Belgique. Nous avions voyagé toute la nuit et toute la journée jusqu'à Anvers pour rejoindre Leonard qui était sur la route depuis déjà des jours et de longues nuits. On aurait dit un boxeur se relevant juste avant le K.O, à peu de choses près. J'essayai de plaisanter avec lui avant la performance à la Koningin Elizabethzaal, une salle de concert baroque où on s'attend à tomber sur des *lieder* allemands chantés par une soprano endimanchée, les mains enserrées dans des gants blancs moulants ou un ténor à la calvitie naissante dans un costume trois-pièces fatigué, usé jusqu'à la corde. Oui, donc, la Belgique.

Oui, la Belgique qui est un pays faisant penser à une pelouse verte gorgée de pesticide pour noyer les mauvaises herbes et toute autre forme d'organisme vivant

indépendant. Chaque chose à sa place. Personne n'oserait être différent. La Belgique est aux pays ce que Robert Goulet est à la musique. À l'aide, s'il vous plaît ! Bien entendu, la Belgique est maintenant le centre de la toute nouvelle Europe harmonisée avec l'euro flambant neuf comme monnaie et les politiciens sont choisis pour être interchangeables, nivelant tout signe distinctif de nationalité. Le nouveau monde des neutres et neutralisés. Finies, les terribles guerres désuètes qui mettaient l'Europe constamment en déséquilibre. Désormais, le budget et les citoyens sont équilibrés dans un État non-identifié.

Donc, au début, plein d'entrain et bien innocemment, le cameraman Ken Gregg se déplaçait sur scène puis il se concentra sur Leonard en train de chanter, puis sur le public qui semblait habillé pour un enterrement et se comportait de façon idoine.

Leonard était déchaîné et bouleversé. Bêtement, je tentai de l'interviewer pendant l'entracte qui s'éternisait. Il parla avec une intensité furieuse. On aurait dit un amant ardent qui venait d'être injustement reconduit.

« Ok, il y a certaines fois, tu vois, où c'est toi qui as tort, et tu dois en assumer la responsabilité, mais il y a des fois où c'est le public qui a tort, et il doit en assumer la responsabilité. Ils seront sévèrement punis. Je ne les laisserai pas s'en tirer à si bon compte. C'est la meilleure musique qui a été jouée en Belgique depuis, quel est le, de quand date le dernier compositeur belge ? Où est Ava, elle sait. Bon on s'en fout de toute façon, j'ai envie de vous dire. »

Je tentai d'avoir un effet stratégiquement apaisant.

« Quelle est la différence entre un public et un autre, un bon et un mauvais ? Quelle est la différence ? »

« Mais qu'est-ce que j'en sais, moi ? On pourrait dire que c'est de notre faute, on pourrait dire que c'est de notre faute. On est fatigués, on est sur la route depuis un bon bout de temps déjà. Peut-être qu'il y un élément important qui fait défaut dans notre prestation. Je ne crois pas. Je trouve que c'est la prestation la plus passionnée que j'aie vue depuis longtemps. J'ai bien peur, que, dans ce cas-là, ce soit de la faute du public. C'est de la faute du public. De temps en temps, on en arrive à ça. Ces gens travaillent dur toute la semaine. Tu sais, tu ne peux pas t'attendre à… sont-ils encore capables d'enthousiasme à dix heures et demie ? Ils ont l'habitude de se coucher à neuf ou dix heures, mais ils ne se couchent jamais à dix heures et demie. »

Le groupe s'en mêla.

« Ce soir, on a un public âgé et très bien habillé, ça en dit déjà long. »

« Qu'est-ce que ça dit ? Qu'est-ce que ça dit ? »

« Qu'ils sont très calmes et qu'ils ne font qu'applaudir. Je veux dire, il n'y a pas le même enthousiasme qu'on avait en France, avec un public plus jeune. Voilà ce que je pense. »

« Ils sont réservés. »

Leonard, essayant d'être juste, proposa une idée. « Ils sont, ils sont ok – je vais aller les débusquer. »

« On a déjà eu ce problème en Allemagne plusieurs fois. »

« Achève-les, Leonard. »

« Bon. Ok, on est avec toi. »

«Et n'oublions pas que 'le plus rapide et le plus fort ne l'emportent pas toujours'.»

«Et que 'quand les choses se corsent, les durs s'y mettent.'»

«Et que 'ni la guerre aux vaillants. Ni la richesse aux intelligents. Car tout dépend pour eux du temps et des circonstances.'»

[La transcription note une musique de violon.]

Après le jeu exténuant du spectacle, la presse locale vint et demanda pourquoi il n'avait pas inclus de Phil Spector.

Leonard, poli, toujours poli, répondit : «On en a joué quelques-uns pendant le concert.»

L'interviewer insista : «Quelques-uns ? Je ne me souviens que d'un seul.»

Leonard répondit gentiment.

«Je n'en ai fait qu'un seul ? Eh bien je n'en ai fait qu'un seul ici car j'ai senti que ce public n'avait pas trop envie d'être dérangé par le bruit. Je pense que ce public était très doux et fatigué et qu'il n'avait pas envie de quelque chose de trop bruyant.»

L'interviewer, d'une façon très belge, proposa un compromis. «C'est probablement aussi car c'est ce qu'ils attendent de vous. Vous êtes un chanteur très intimiste et Spector est l'homme des choses spectaculaires. En tout état de cause, ce sont deux extrêmes qui se sont rencontrés, ce qui est très étonnant.»

Leonard sourit et donna une réponse badine pour alléger la situation assez pesante. «Eh bien, Spector a aussi fait des mélodies très belles et très douces, comme 'Le connaître, le connaître, le connaître, c'est l'aimer,

l'aimer, l'aimer, et je l'aime.... Oui je l'aime.' Vous voyez, c'était pendant sa période Debussy. Mais moi je l'ai rencontré pendant sa période Wagner.»

L'interviewer voulait montrer qu'il avait fait ses devoirs. «Dans le nouvel album, vous dites, sur la jaquette, que vous avez été influencé par les poètes perses, par exemple.»

«C'est vrai.»

«Et aussi par les Chinois.»

«C'est vrai.»

«Pour le caractère des paroles, pour les paroles?»

«Pour les paroles, oui. En fait, musicalement aussi bien sûr, je me suis tourné vers le Moyen Orient et vers les sons de l'Europe de l'Est en travaillant avec un violoniste russe et un joueur d'oud arménien. Il y a, je pense, une sonorité très orientale à cet album.»

«Et très slave.»

«Slave, ouais, c'est ça.»

«Est-ce parce que vous avez rencontré des gens de là-bas ou bien est-ce quelque chose qui vous attirait?»

«J'ai toujours été attiré par ce genre de musique, et avant de mourir, ma mère m'a dit, 'Pourquoi tu ne joues pas ces chansons que nous chantions autrefois?' Ma mère avait l'habitude de me chanter de belles chansons russes quand j'étais jeune. Et elle m'a dit, 'Pourquoi tu ne te procures pas un violon et tu ne fais pas des chansons comme celles que nous chantions autrefois?' Donc je pense que ça a aussi pu avoir une influence.»

«Vous parlez encore le russe aujourd'hui?»

« Non, j'ai oublié tout mon russe. »

«Vous êtes un Canadien maintenant. »

« Oui. »

«Vous chantez en français sur le disque, également. »

« Ouais. »

« Et la combinaison de ce texte en français avec un air humm… plutôt mexicain, c'est très surprenant. »

« Bizarre, ouais, c'est bizarre. »

« Comment vous est venue l'idée ? »

« Eh bien, je trouvais que ça avait des résonances intéressantes… un Canadien juif anglophone qui chante un hymne d'indépendance français avec un groupe de mariachis d'un restaurant de Los Angeles. Je trouvais que ça avait certaines harmonies intéressantes. »

« Du point de vue des paroles, encore, je trouve ce nouvel album bien plus compliqué, plus difficile à cerner que le précédent par exemple. C'est de nouveau de la poésie pleine de symboles, c'est l'impression que j'en ai. Est-ce exact ? »

« Eh bien, j'ai essayé de faire aussi simple que possible. »

« J'ai trouvé le premier, le précédent beaucoup plus simple à appréhender. Vous n'en avez pas conscience ? »

« En fait, je ne cours pas après quelque chose d'obscur. J'essaie de faire aussi simple que je le peux. Parfois, peut-être, je n'y arrive pas, ou parfois cela prend un peu de temps jusqu'à ce que les choses s'éclaircissent d'elles-mêmes. Par exemple, mon ami Harry Rasky, il trouvait que mon nouveau livre, *Mort d'un homme à femmes*, n'était pas très bon. Je l'avais senti. Jusqu'à ce qu'il ait un peu vécu avec et les choses sont devenues

plus claires. Vous comprenez ? Et je pense que c'est une position tout à fait légitime. Vous savez qu'une œuvre de création exige un certain temps, en supposant que l'homme l'a fait avec un certain sérieux, vous voyez, et vous n'essayez pas de bluffer ou faire illusion à qui que ce soit, mais en supposant que vous avez travaillé avec une intention sérieuse, je trouve ça très compréhensible qu'une œuvre de création puisse prendre des années et des années pour pénétrer la conscience du public et pour acquérir une signification pour eux. Personne n'est en faute, ni l'artiste ni le public, mais parfois cela prend un peu de temps pour qu'une œuvre de création murisse, dans le cœur du public. »

« Et dans le cœur du créateur, disons, n'y a-t-il pas un moment où vous voyez que certaines choses ne murissent pas, ou ne sont pas aussi bonnes que vous l'aviez conçu ? »

« Oui, il y a aussi cet autre aspect des choses où, peut-être, vous pensiez qu'une chose avait une certaine valeur, qu'en réalité elle n'a pas. Mais ça arrive moins souvent que l'autre configuration. »

« Ah ouais ? »

« Ouais, parce que je fais très attention au travail que je publie. »

« Vous êtes en premier lieu un poète ? Ou un chanteur ? »

« Eh bien, je ne… vous savez… c'est un verdict que les autres peuvent donner. Certaines personnes ne me considéreront jamais comme un chanteur et certaines personnes ne me considéreront jamais comme un poète. Je n'essaie pas de… pour moi, je n'ai pas, cela n'a aucune importance pour moi de me décrire. Vous savez, j'ai certaines choses à accomplir dans ce monde et je m'efforce de le faire du mieux possible, et

si je trouve un public pour l'accueillir, je suis content. Et si je ne le trouve pas, eh bien je continuerai quand même.»

«Vous avez aussi produit l'aspect purement musical de l'album. Cela veut dire que vous vous êtes occupé des arrangements qui, je trouve, sont très bons. Les voix de femmes sont utilisées de manière très agréable.»

«Oui, en fait, toutes ces voix de femmes sont celles de Jennifer Warnes. Elle n'est pas ici maintenant. Elle était ici il y a une seconde, elle est en train de se changer. Elle a doublé sa propre voix plusieurs fois et je les ai combinées, mais on pourrait dire qu'elle est responsable de ces arrangements. Et d'ailleurs, vous savez, quand vous travaillez avec le genre d'excellents musiciens avec lesquels je travaille, c'est difficile de s'arroger l'entière responsabilité d'un arrangement. Par exemple, je n'ai pas fait l'arrangement de la partie que John Bilezikjian a jouée. Il a entendu la mélodie et il a ajouté sa touche personnelle, ou pareil avec Raffi Hakopian le violoniste, ou avec l'organiste. Vous savez, c'est comme ça quand on regroupe de très très bons musiciens et qu'on leur présente un véhicule par lequel ils vont pouvoir s'exprimer personnellement, et, d'une certaine façon, ça s'arrange naturellement. Vous avez un genre de veto dessus, mais quand vous travaillez avec des musiciens de cette envergure, vous ne pouvez pas vous arroger l'entière responsabilité d'un arrangement.»

«Cela fait quelques temps que vous êtes en tournée maintenant. Vous avez arrêté pendant un moment et maintenant vous êtes de retour.»

« Ouais, c'est le huitième ou neuvième concert sur une tournée de cinquante concerts… cinquante-deux concerts. »

« Cela faisait combien de temps que vous n'aviez plus fait de tournée ? Ça doit faire un ou deux ans, non ? »

« Ça fait presque quatre ans. »

« Presque quatre ans ? »

« Trois ans et demi. »

« Et pourquoi avez-vous arrêté ? »

« Eh bien, je ne sais pas. Je suis rarement en tournée, vous savez. Je ne suis pas vraiment constamment en tournée. Je suis… »

« Vous n'aimez pas la scène ? Ou, ou quoi ? »

« Ce n'est pas la question d'aimer ou pas la scène. Je n'aime pas être sur scène si je n'ai rien à dire. Vous savez, juste se balader autour du monde à ramasser des applaudissements et de l'argent, ce n'est pas une mauvaise idée, mais ce n'est pas vraiment ce que je recherche. Il y a un certain moment dans votre vie professionnelle où vous savez que vous tenez une chanson, quelques chansons, un disque, un livre. Puis vient le moment où vous voulez présenter votre travail. »

« Le nouvel album commence avec *Les invités*. Est-ce le titre le plus fort ? Est-ce que ça signifie que c'est la chanson qui est la plus importante, qui séduit le public ? »

« Cette chanson semble être bien perçue. J'ai commencé l'album par elle, d'abord parce que les gens à qui j'ai fait écouter le disque étaient enthousiasmés par ce titre, mais aussi parce qu'elle définit l'album. Vous voyez, les invités arrivent et puis le reste de l'album

représente chaque invité qui fait une déclaration à propos de sa propre position individuelle. Et ça continue tout le long du disque jusqu'à la deuxième face, et ensuite jusqu'à la fin. C'est comme si chaque invité racontait son histoire singulière. Mais ce n'est pas indispensable de savoir ça au sujet de cet album. Bien sûr, chaque chanson se suffit à elle-même, mais c'est unifié comme ça.»

«Et ça parle très souvent d'amour, et d'amour qui n'est pas très heureux? Est-ce votre approche personnelle, votre point de vue personnel sur l'amour?»

«Non, pas vraiment, je n'ai pas cette impression de l'album, que ça parle d'amour malheureux.»

«Non?»

«J'ai l'impression que ça parle d'amour profond et intense et de la mécanique de l'amour, mais pas des déceptions en particulier, davantage de l'horizon global.»

«Il y a cette deuxième chanson qui s'appelle, si mes souvenirs sont bons, *Humilié dans l'amour*?»

«Uh-huh.»

«Et je pense que c'est ma chanson préférée, et est-ce exact qu'il y a dedans une certaine ironie? Ou je me trompe?»

«Les paroles sont bonnes. Vous voyez, je veux dire, c'est une chanson, *humilié.*»

Et ainsi de suite – jusque tard dans la nuit. Gentiment, poliment, Leonard renseigna question après question. Je buvais du brandy.

Ce fut la seule fois où un moment d'incompréhension perça entre lui et moi. Il avait été profondément meurtri et troublé par sa réception façon gaufre belge.

Il suggéra que, peut-être, la présence de la caméra avait gêné le public. Le film était-il vraiment une bonne idée ?

Il y a toujours un moment de vérité entre le sujet et le créateur d'un film sur cette personne. C'est un genre de défi. Et je l'ai relevé.

Ok, je lui dis que si je n'arrivais pas à rendre notre équipe invisible, je partirais. On se mit d'accord. C'est là où j'envoyai chercher Jean Reitberger, un cameraman tout petit, presque invisible, avec qui j'avais déjà travaillé en Éthiopie, sur le film *Le lion et la croix* pour CBS. Jean était établi en France. Il rejoindrait mon équipe de réalisation et nous disparaîtrions en montant les caméras derrière des rideaux noirs des deux côtés de la scène, pendant que je donnerais mes ordres en silence par talkie-walkie.

Et donc, en France, nous devînmes invisibles.

Montpellier et Leonard semblaient faits l'un pour l'autre, c'était une évidence. C'est une ville universitaire « quelque part en France », comme disaient les organisateurs de la tournée. Nous avons dû nous envoler d'Anvers, et donc son emplacement exact restera à jamais un mystère. Mais c'est une ville étudiante et les jeunes gens et Leonard ne semblaient faire qu'un. Il n'y avait pas de conflit de générations et ils étaient venus au Palais des Sports pour se défouler. Et c'est aussi comme ça que se sentait Leonard après la répression de la Belgique – enfin libre.

Après ça, il ne fit plus aucune allusion à l'équipe de tournage comme pouvant être une gêne. Nous étions à

l'unisson. Leonard rayonnait. On aurait dit qu'il s'élevait de la luminosité des puissants projecteurs. Son immobilité même avait sa propre poésie. Magique. Il effectuait une incursion sentimentale dans les âmes. Magie de la nuit.

Ici et maintenant. Ici, il était le prétendant des émotions, maintenant l'amant éternel. Les femmes fondaient littéralement et les hommes ne pouvaient qu'observer le phénomène avec une sorte d'envie bienveillante. Mais quiconque est capable de transformer le langage en désir mérite des bravos, et il y en avait à la pelle.

Et après les épuisantes prestations venaient les inévitables interviews. Voici une partie de la transcription :

« Que pensez-vous de l'image d'être un solitaire ? »

Il chanta, légèrement sur le ton de la plaisanterie et esquiva brillamment la question.

« Parfois seul, parfois tu sais, parfois heureux, parfois triste de t'avoir rencontrée. »

« Les images ne vous intéressent pas ? »

« Franchement, les images, c'est quelque chose que les autres fabriquent pour eux-mêmes, c'est juste un genre de mensonge, une façon en fait de tracer son chemin à travers le monde. Tout le monde en a une, que ce soit une image publique ou juste entre amis et connaissances, tout le monde a une image. »

Et maintenant, un peu de philosophie.

« Et que pensez-vous de ce que disait un poète autrichien, j'aimerais le citer, il disait que les véritables aventures sont dans notre tête, et si elles ne sont pas dans notre tête, elles ne sont nulle part. Où sont vos aventures ? »

C'était du lourd, pour une conversation post-concert mais Leonard, comme à son habitude, jouait le jeu.

« Eh bien, vous savez, vous ne pouvez pas critiquer un poète, mais ce qu'il dit n'est qu'à moitié vrai, je veux dire, il y a des aventures dans notre tête, mais il y a aussi des aventures physiques, et des aventures pour de vrai dans la vie, et il y a un monde pour de vrai, et nous sommes vraiment dans le monde pour de vrai. On a notre corps et il y a des aventures pour de vrai. Il y a des montagnes pour de vrai, il y a des maisons pour de vrai, il y a des femmes pour de vrai, il y a des problèmes pour de vrai, il y a des aventures pour de vrai tout autant que celles dans nos têtes. »

La presse de la culture pop a son propre style de journalisme. Le palmarès récent d'une chanson sert toujours de prétexte aux investigations.

« Ce soir, vous semblez avoir plus de, être plus…enfin euh…extraverti, lorsque vous chantez ces chansons en particulier. Une fois, vous n'aviez pas l'air d'apprécier votre public, votre public d'alors ? »

« Ouais, moi-même, je n'aimais pas ma prestation et la majeure partie de mon public n'a pas aimé non plus. J'ai reçu plein de lettres disant qu'ils s'étaient sentis trahis. Mais, oh, je pense que les chansons sont bonnes et les albums se bonifient avec les années et ça commence à sonner bien mieux à mes oreilles, maintenant. Peut-être que Phil avait raison. Je trouvais qu'il m'avait perdu, vous voyez, dans l'enregistrement, perdu ma voix. Mais je pense qu'il avait de bonnes idées. Je trouve que l'arrangement est meilleur que ses idées. »

« Revenons à cette image, et les fans, comme… vous venez de dire qu'ils se sont sentis trahis ? Est-ce que, d'une certaine façon, vous essayez de satisfaire les

attentes quelles qu'elles soient, ou vous essayez juste de faire votre truc, votre truc à vous, faire votre propre musique comme ça vous plaît et… ?»

«En fait, je pense que c'est un peu des deux, vous savez, c'est agréable d'être accepté. C'est important aussi de faire comme vous le désirez, et si vous arrivez à trouver une sorte d'harmonie entre ce que l'on attend de vous et ce que vous-même attendez de vous, c'est la bonne voie.»

«Ok.»

L'Européen poli sembla satisfait. Puis vint une jeune femme représentante du Canada, soucieuse de faire ses preuves, pas de doute, convaincue qu'elle pouvait faire mieux que les autres.

«Vous avez été surnommé par certains journaux allemands 'un poète de la musique rock'. Ce que vous faites, personnellement, je n'appellerais pas ça du rock, comment vous décririez-vous ?»

Leonard se prépara, toujours en parfait gentleman.

«Eh bien, je crois que c'est un titre qu'ils m'ont donné il y a une douzaine d'années. Je pense que par musique rock, en ce temps-là, on désignait un genre de musique qui allait droit au cœur, qui venait tout droit du corps, tout droit de l'âme en opposition au genre de musique artificielle qui avait cours à cette époque. De nos jours, le rock en tant que description ne veut pas dire grand-chose, et si je suis un poète ou non, ce sont les autres qui doivent le décider.»

Toujours à badiner, taquiner, chahuter en fait.

«Et comment vous nommeriez-vous alors ?»

Leonard était formidable.

«À vrai dire, vous savez, quand je me lève le matin, je ne me nomme rien du tout. Je me lave juste les dents et la figure et j'essaie de démarrer la journée, de la même façon que quand vous vous levez le matin, vous ne vous nommez pas journaliste.»

«Bon, et si vous passez une nuit à l'hôtel et que vous devez vous inscrire, qu'est-ce que vous inscrivez comme profession ?»

«Ah ok, si je dois m'inscrire, je dis écrivain, ou fermier, ou autre chose, enfin, vous savez… »

«Pensez-vous que vous vous exprimez beaucoup mieux avec la musique qu'avec les paroles, je veux dire les paroles écrites.»

«Eh bien, je tente de faire de mon mieux dans chacune de ces formes, vous savez, parfois je me loupe, parfois je loupe la chanson, parfois je loupe l'écriture. Parfois j'y arrive pour la chanson, parfois j'y arrive pour l'écriture.»

«Et quand vous regardez, en arrière, vous regardez sur ces dernières années, vous avez l'impression que vous y arrivez mieux avec la musique ou avec l'écriture ?»

«Je ne les sépare pas dans mon cœur.»

«Vous ne les séparez pas ?»

«Je ne les sépare pas.»

«Vous avez dit, avant, que sur la scène, parfois vous êtes heureux et parfois triste, mais quand je vous ai observé ce soir, je vous ai senti beaucoup plus triste qu'heureux. Je ne vous vois jamais sourire franchement.»

«Ah bon, vous savez, pourtant, je me sentais vachement bien. Il y a des gens, quand ils se sentent bien,

ils ont l'air triste. Vous savez, il y a des gens qui ont ce qu'on appelle l'œil mélancolique.»

«Vous êtes sérieux ?»

«Plus ou moins, je crois que je tiens ça de ma mère. Elle se sentait au mieux de sa forme quand elle était mélancolique. Vous savez, certaines personnes aiment bien se sentir un peu mélancoliques. On aime sentir qu'on est ténébreux et nostalgique, et contempler les choses. Vous savez, ce n'est pas exactement pareil que d'être malheureux.»

«Lorsque j'ai préparé notre interview de ce soir, j'ai un peu fouiné à la bibliothèque et j'y ai trouvé des drôles d'expressions. Certains vous appellent 'le second Bob Dylan'. Un autre a pondu 'un concurrent de Bob Dylan' et quelqu'un d'autre a dit un truc du genre 'un jumeau caché de Bob Dylan'. Est-ce que ça vous a déjà gêné d'être comparé à Bob Dylan. Ou bien vous aimez les comparaisons ?»

Toujours aussi généreux, Leonard voulait néanmoins remettre les choses à plat.

«J'ai l'impression que Bob Dylan est mon frère. J'ai l'impression que nous faisons la même chose. Ah, j'ai l'impression qu'il le fait un petit peu mieux que moi. La plupart du temps. Parfois, j'ai l'impression que je le fais un petit peu mieux que lui. Mais il n'y a pas de concurrence entre moi et Bob Dylan. Bob Dylan a un immense public international. Moi, j'ai un public limité. Je suis un genre de chanteur de coin. Je chante seulement dans les coins.»

«Ah mais ça ne m'a pas fait penser à un coin ce soir, là-bas.»

«Eh bien, ces gens sont du coin aussi, vous savez. Ce n'est pas un immense stade de 25 000 personnes, ce n'est qu'une salle assez petite. Et ce sont des gens qui, je crois, connaissent mon travail depuis des années et ils reconnaissent la musique et ils viennent parce qu'ils sont déjà touchés par la musique.»

«En 1973, vous êtes parti et vous avez dit que vous ne remonteriez plus jamais sur scène.»

«J'ai dit ça?»

«Avez-vous dit ça?»

«Je ne sais pas.»

«Vous avez certainement oublié, ou alors ce que j'ai lu est n'importe quoi, je ne sais pas.»

«Moi non plus, je ne sais pas, mais en tout cas, vous ne pouvez pas croire tout ce que vous lisez. Mais, je, c'est vrai, je n'ai pas fait de tournée depuis quelques temps, je veux dire, je fais très attention à ne pas abuser de l'accueil qu'on me fait. Je crois que ça fait trois ans et demi ou quatre ans que je ne suis pas venu ici.»

«Dans votre livre, qui en anglais s'intitule *The Favorite Game* je crois… c'est très autobiographique, non? Il y a un peu de ça en tout cas?»

«Ouais, il y a des choses de mon enfance.»

«Et il y a aussi pas mal d'ironie, mais dans vos chansons je ne sens pas cette ironie, je trouve qu'il y a autre chose dans vos chansons que dans votre livre. Ai-je raison ou tort à ce sujet?»

«En fait, je dois vous répondre franchement, c'est difficile pour moi de dire ce qu'il y a dedans, dans mes chansons, vous savez, parce que le plus souvent j'oublie qui je suis quand je chante. Je ne sais pas de quoi elles ont l'air.

Voilà, s'il y a bien une chose dont je ne peux pas vous parler, c'est de quoi ça a l'air quand je chante.»

«Pensez-vous que la musique est plus susceptible de défendre l'idée de guerre que celle de la paix ?»

«Vous savez, je ne crois pas que quiconque pourrait défiler pour la guerre au son de ma musique.»

«C'est très dur de défiler au rythme d'un tango ou d'une valse lente. Il n'y a pas de doute là-dessus. Ça semblerait bizarre s'ils défilaient ou dansaient le tango sur une valse.»

«Si vous parlez en ces termes, s'il s'agit de l'aspect politique de ma musique, je dirais que… je dirais que c'est la musique de la résistance individuelle.»

Assez. Assez. Dormir nous ferait le plus grand bien.

J'avais vu Leonard accusé de défaillances en tous genres. Mais le public l'avait encensé, voire protégé.

Il avait l'air en même temps puissant et vulnérable, si faire se peut, avec un besoin pressant qu'on prenne soin de lui, et pourtant capable de prendre soin de toutes les âmes fragiles. Il avait exhibé toutes ses émotions et ils l'avaient adoré.

Le lendemain matin, à l'aube, nous étions à l'aéroport, encore marqués par l'exaltation de la nuit précédente. Leonard et son groupe dormaient allongés sur les bancs en plastique durs et impersonnels de l'aéroport, les palpitations de la musique du concert se confondant dans les têtes avec le grondement de l'avion.

Ô donnez-nous ce jour un peu de repos et de paix !

Pas vraiment. Direction Paris et l'enthousiasme d'un autre public généreux au Théâtre des Champs Élysées. Un mélange de sophistication et de passion pure. Savoir que *Les invités*, sa chanson émouvante, était

placée en tête des hit-parades conférait à Leonard une confiance radieuse.

Leonard lui-même dit qu'il trouvait étrange qu'une chanson religieuse basée en grande partie sur un poème perse du XIIIème siècle devienne un hit. Et donc, il démarra son concert à Paris par *Les invités*.

Qu'on fasse entrer tous mes invités
Et personne ne sait où la nuit file
Et personne ne sait d'où le vin coule
Amour, je te veux, je te veux, je te veux, je te veux

Et ils vont tous chancelant dans la maison
Secrets et solitaires
Disant, Ô apparais à mes yeux
Ou bien, Pourquoi m'as-tu abandonné ?

Et personne ne sait où la nuit file
Et personne ne sait d'où le vin coule
Ô Amour, je te veux, je te veux, je te veux, je te veux maintenant

Soudain les torches s'embrasent
Les portes intérieures s'ouvrent à toute volée
Un par un ils pénètrent ici
Pris de passion et de frénésie

Et personne ne sait où la nuit file
Et personne ne sait d'où le vin coule
Ô Amour, je te veux, je te veux,
Je te veux, je te veux maintenant[1]

1. Let all my guests come in/And no one knows where the night is going/ And no one know why the wine is flowing/ Love, I need you, I need you, I need you, I need you. /And all go stumbling

Escale suivante, l'Allemagne.

En Allemagne, Leonard est considéré comme la voix de la réconciliation, et celle de l'amour. Là, le public le comprend comme quelqu'un qui les comprend.

Là aussi, je sentis Leonard proche et la connexion fut particulière. Là, il se présenta sous un jour vraiment fraternel. Il m'invita à partager son bus. J'emmenai mon équipe à bord et une partie de la sienne circula dans notre véhicule beaucoup plus modeste.

Là, je lui posai des questions sur son attitude – un Juif, chantant face à un public allemand dans l'Allemagne post-holocauste – une chanson en particulier. Comment se sent-il ? Comment se sentent-ils ?

« Leonard… ton premier concert en Allemagne, et quand tu as fait cette émission de télé, qu'est-ce que tu avais dit au public à propos de *La chanson du partisan* ? »

« Ah, j'ai dit, cette chanson parle des activités de vos arrière-grands-parents vis-à-vis de mes arrière-grands-parents. Et, ah, j'ai dit, la relation entre vous et vos arrière-grands-parents est très ténue, alors que la relation entre moi et mes arrière-grands-parents est continue. Et que cela explique une certaine dimension de cette chanson. »

---

through that house/ In lonely secrecy/Saying, Do reveal yourself/ Or, Why hast thou forsaken me/And no one knows where the night is going/ And no one know why the wine is flowing/ O love, I need you, I need you, I need you now. /All at once the torches flare/ The inner door flies open/One by one they enter there/In every style of passion/And no one knows where the night is going/ And no one knows why the wine is flowing/ O love, I need you, I need you/I need you, I need you now

«As-tu le moindre sentiment – Leonard Cohen est un nom juif merveilleux – qu'il y a un genre de drôle de feeling en Allemagne ?»

«La première fois que je suis venu en Allemagne, il y a environ dix ans, pour chanter, j'étais très conscient de l'histoire de ce pays par rapport à l'histoire de mon propre peuple. Donc, évidemment, il y a toutes ces réserves, la paranoïa légitime, la suspicion, la rancœur. Mais le public était tellement accueillant que tout ça s'est très vite évaporé. Et maintenant, je suis toujours content d'être en Allemagne.»

«Je pensais à un article que j'ai lu à propos de Isaac Stern qui disait qu'il ne pouvait pas jouer en Allemagne, mais qu'il pensait qu'en revanche, les jeunes Israéliens devraient jouer en Allemagne parce que les générations étaient si différentes. Est-ce que tu as le même sentiment ?»

«Pour être honnête, je trouve toutes ces discussions sur les Juifs par rapport à l'Allemagne très, très douteuses et elles restent complètement étrangères à mon cœur. Toute l'idée de la musique est de dissoudre ces préoccupations et ces préjugés bien trop humains. Tu sais, qu'est-ce que ça peut bien faire si les peuples se sautent à la gorge le lendemain matin. L'important, c'est que pendant la chanson, ils s'abstiennent. Et c'est la raison d'être d'une chanson. Mélanger toutes ces choses, pour moi, c'est compliquer inutilement le processus de la musique. Tu sais, le plus important, si tu as ces problématiques, ce qu'il faut comprendre, c'est qu'à un certain moment pendant une chanson, il n'y a plus de différence entre quiconque dans la salle. Si la chanson est belle et forte, au moment où elle est chantée et où elle est écoutée, il n'y a plus d'Allemands et il n'y a plus de Juifs. C'est la raison d'être de la musique… ?»

Je tentai de le couper.

« Est-ce que tu as – »

« Ça m'énerve vraiment, toutes ces questions au sujet des Juifs et des Allemands. On ne peut pas vivre toute sa vie sur des barricades comme ça. Tu sais, c'est possible, au niveau individuel, si tu as une conviction profonde, et que tu dois consacrer ta vie à haïr les Allemands, ou à sauver des réfugiés. Ces deux choses sont légitimes, j'imagine, dans leur propre monde, mais il doit y avoir un autre monde, un monde absolu où ces différences s'estompent au lieu de s'exacerber, génération après génération. »

« Je crois que l'une des raisons pour lesquelles je te demande ça, c'est en observant le public et en voyant à quel point ils sont enthousiastes. Je me demande juste s'il y a quelque chose en Allemagne qui fait que tes paroles et ta musique les exaltent à ce point-là. Il y a vraiment une vibration très forte, je trouve. Juste d'assister à ce concert hier soir, et aujourd'hui en route vers un autre, si ça a quelque chose à voir avec la nationalité ou dans ce genre ? Je crois que c'est la raison…. »

« Je pense que toutes ces antinomies, toutes ces polarités font partie de nous. Plus elles semblent difficiles, irréconciliables, plus l'allègement est spectaculaire quand elles se dissolvent. Plus la… plus la satisfaction est grande quand artificiellement…en réalité, quand tu considères le fait que notre petit séjour sur l'écorce de cette planète a toutes ces arêtes, ces barrières, ces grillages, ces différenciations, ces diversions que nous gérons et construisons pour nous-mêmes, alors avoir l'opportunité de les dissoudre, c'est une opportunité formidable. Et c'est une grave erreur de ramener ces différences dans ce moment-là parce que ce moment-là

est précisément fait pour dissoudre ces différences. On ne peut pas vivre une vie où les différences ont été dissoutes. On a besoin de ces différences et on a besoin de chercher qui on est et de comprendre ce que sont notre propre héritage et notre propre conditionnement. Mais vivre complètement dans cette vie de singularité est une grave erreur et amène énormément de souffrances. Si tu n'as pas ces moments où les différences se dissolvent, tu deviens un genre d'individu très borné, plein de préjugés, dogmatique, comme je le suis la plupart du temps. Mais de temps en temps, je… il m'est permis de dissoudre ces choses.»

«Quand tu es sur scène avec ta guitare, on pourrait dire que c'est le moment où tu es le plus entier…»

«C'est le moment où je suis le plus personne et donc tout le monde peut être personne. Et c'est à ce moment-là, quand nous formons une seule personne, que nous comprenons ce qu'est la vraie camaraderie que seuls les hommes politiques ont l'air d'évoquer quand ils parlent de race et de sang et de sol. Et on sait ce qui peut dériver de ce genre d'expressions. Les gens peuvent arriver à dissoudre leurs différences par tout un tas de biais et c'est important de comprendre la différence entre un artiste et un théologien et un politicien. Pour moi, un artiste n'a pas de plateforme, n'a pas de message, n'a pas de parti. Son seul message, son seul rayon, c'est la dissolution des différences. Et on doit laisser à d'autres types d'experts le soin de nous enflammer au sujet d'un point de vie particulier et d'un autre. Mais au moment d'une chanson ou d'un poème ou d'une étreinte entre un homme et une femme, ou d'une poignée de mains entre deux personnes, à ce moment-là, les choses se dissolvent, et c'est du domaine de l'artiste.»

Je trouvais sa réflexion joliment déclarée, aussi bien exprimée que l'un de ses poèmes.

« Une dernière chose. J'ai remarqué que tu ne chantes pas cette belle chanson, la chanson canadienne en français que tu as faite avec les mariachis, sur le Canadien errant, qui ne cesse de me hanter. Y a-t-il une raison particulière… par curiosité ? »

« Oui, en fait, la version originale de cette chanson telle que nous l'avons enregistrée était tout à fait spontanée. Il s'est trouvé que j'ai rencontré cet orchestre de mariachis et j'ai eu l'idée de cette chanson curieuse par un Juif anglophone en exil de Montréal, à Los Angeles avec des musiciens mexicains. Et donc elle a des harmonies et des sonorités bizarres. On n'arriverait pas à jouer cette musique de manière authentique, bien que je sois probablement avec les meilleurs musiciens actuels de l'Amérique. Il se trouve que ce ne sont pas des joueurs de mariachis et pour nous, reconstituer artificiellement ce son, c'est quelque chose, on ne le ferait pas de manière naturelle. Donc on a travaillé à une autre version de la chanson et on finira probablement par la boucler. »

Nous montâmes dans le bus, et nous étions en train de fredonner un hymne de compassion, Leonard, son groupe et moi-même, quand nous pénétrâmes dans le Jahrhunderthalle, un stade géant à Francfort, ma dernière escale.

Il continuait vers trente ou quarante autres villes, tendu mais toujours généreux, fidèle à cette conduite que le don, c'est la vie.

Mes larmes de chagrin furent sincères quand il clôtura le concert par une ballade de séparation et d'amour versatile.

Je t'ai aimée le matin
Nos baisers tendres et ardents
Tes cheveux étalés sur l'oreiller
Comme un ouragan d'or ensommeillé
Beaucoup se sont aimés avant
Je sais que nous ne sommes pas les seuls
Dans les villes et dans les champs
Ils ont souri comme toi et moi
Mais maintenant la distance s'étend
Et nous devons tous deux essayer
Tes yeux sont mouillés de regrets
Hé, tu ne peux pas partir comme ça

Je ne cherche pas une autre en vérité
Tandis que j'erre dans mon temps
Amène-moi dans un lieu retiré
Nos pas rimeront éternellement
Tu sais que mon amour va avec toi
Comme ton amour reste avec moi
Seulement il change à la manière
Du rivage et de la mer
Mais pas question d'amour et de cadenas
Et de choses qu'on ne peut dénouer
Tes yeux sont mouillés de regrets
Hé, tu ne peux pas partir comme ça

Je t'ai aimée le matin
Nos baisers tendres et ardents
Tes cheveux étalés sur l'oreiller
Comme un ouragan d'or ensommeillé
Oui, beaucoup se sont aimés avant
Je sais que nous ne sommes pas les seuls
Dans les villes et dans les champs
Ils ont souri comme toi et moi
Mais ne parlons pas d'amour et de cadenas

Et de choses qu'on ne peut dénouer
Tes yeux sont mouillés de regrets
Hé, tu ne peux pas partir comme ça[1]

On ne pouvait pas partir comme ça, décidément – en tout cas pas moi. J'étais vraiment affligé en pensant aux concerts auxquels je ne participerais pas. Au fond, je n'étais qu'un éphémère compagnon de voyage dans ce tourbillon d'amour.

La réalité reprit ses droits brutalement.

Dans cet hôtel allemand anonyme, je restai éveillé jusque tard dans la nuit. Je n'arrivais pas à dormir avec l'écho et les ombres des échos de toutes ces ballades d'amour martelant mon cerveau, une vraie torture flamboyante et voluptueuse. Je décidai de descendre au bar impersonnel où des hommes d'affaires allemands beuglards et bedonnants trinquaient bruyamment avec leur choppe de bière géante. Ici, les Allemands aux cheveux gris et au visage couperosé, en âge d'être dans l'armée pendant la seconde guerre mondiale, fêtaient la nuit à coup de toasts, désormais des commerciaux dans la nouvelle Allemagne prospère. Je chancelai un

1. I loved you in the morning/Our kisses deep and warm/Your hair upon the pillow/Like a sleepy golden storm/Many loved before us/I know that we are not new/In city and in forest/They smiled like me and you/ But now it's come to distances/And both of us must try/Your eyes are soft with sorrow/Hey, that's no way to say goodbye/I'm not looking for another/As I wander in my time/Walk me to the corner/Our steps will always rhyme/You know my love goes with you/As your love stays with me/It's just the way it changes/Like the shoreline and the sea/But it's not talk of love or chains/And things we can't untie/Your eyes are soft with sorrow/Hey, that's no way to say goodbye/I loved you in the morning/Our kisses deep and warm/Your hair upon the pillow/Like a sleepy golden storm/Yes many loved before us/I know that we are not new/In city and in forest/They smiled like me and you. /But let's not talk of love and chains/ And things we can't untie, /Your eyes are soft with sorrow/Hey, that's no way to say goodbye

peu, ayant fait des films sur l'holocauste et dans ma tête j'entendais un autre genre de musique – celui de la musique militaire. Je suis affligé d'une imagination vivide. Parfois, c'est une bénédiction, mais pas là, avec la bière coulant à flot. Ils virent mon visage couvert de barbe et se détournèrent, se retournant vers quels souvenirs ?

Il n'était pas possible de faire une petite balade nocturne car l'hôtel en béton se dressait péniblement isolé en bordure d'autoroute. Je m'apprêtais à rejoindre ma chambre grande comme un mouchoir de poche quand Leonard fit son apparition, super mince, en compagnie d'une belle jeune femme allemande, une *fraulein* nocturne, peut-être sa '*femme du jour*'.

La vie sur les routes est une saloperie. Lumières crues, volumes fracassants. Nuit après nuit après nuit. Un mélange de pays – un assortiment de villes et de rêves de foyer. Donc, pour le groupe, il y avait toujours le 'joujou pour les garçons', blonde ou brune, beaucoup de gloussements de gamines et des souvenirs à raconter aux camarades de classe. Leonard, qui était un homme en deuil musical de sa femme et de sa vie, était sur un registre plus sérieux. Réminiscences de vieux amis, de vieilles tournées. Mais toujours quelqu'un sous la main, s'il en avait envie, et, pour les femmes, un souvenir de 'ma nuit avec Leonard Cohen'. J'ai remarqué que ces femmes au regard ensommeillé ne sont jamais accueillantes avec les intrus. Elles semblent avoir un désir maternant, internant, de transformer l'oiseau sur le fil en oiseau en cage.

Donc, lorsque Leonard suggéra « Harry, viens donc nous rejoindre pour un hamburger ! », Greta ou Helga ou je-ne-sais-quoi me lança un regard noir et glacial.

Bon, essayez de vous représenter cette nuit – Hitchcock version wiener-schnitzel. Le brouillard qui absorbait et recouvrait tout. Mettre le visage hors de cet hôtel sans visage signifiait s'ébattre dans des particules d'humidité et de matière poussiéreuses. Le bar de l'hôtel ne servait nul aliment plus consistant que des bretzels et des cacahuètes, et les gardes potentiellement ex-SS bourrés les avaient déjà tous engloutis.

Greta ou Helga dit qu'il y avait un restaurant routier ouvert vingt-quatre heures sur vingt-quatre à trente ou quarante kilomètres. Et donc nous grimpâmes dans la luxueuse Mercedes vert foncé de Greta, je fus relégué à l'arrière. N'importe quel voyage en Allemagne est toujours également un voyage dans le passé. Et le passé semblait orienter notre périple vers des hamburgers en empruntant l'autobahn construite par Hitler. Ô allume les lumières bienveillantes ! Mon esprit était quelque part au début des années quarante. Les avions Messerschmitt dansaient dans ma tête.

Achtung!

Nous débarquâmes dans un restaurant digne de Brecht, trop fade pour être un café triste. C'était Burger King avec des nappes à carreaux tachées. À moitié plein d'hommes d'affaires allemands informes qui ressemblaient comme deux gouttes de bière à ceux que nous avions laissés au bar. Le serveur en chef arriva, visiblement rétrogradé d'un établissement plus chic et Greta-Helga – je-ne-sais-quoi lui dit que nous voulions des hamburgers de minuit. Il répondit qu'il ne restait plus que du goulasch. Trop tard pour les hamburgers, on décida néanmoins de rester. On n'avait pas le choix. Après une longue attente, le goulasch gluant fut servi. Au moment où je plongeai ma cuiller trop lourde dans la pâtée brune-grise, toutes les portes du

bouge sombre s'ouvrirent à toute volée et des lumières aveuglantes furent dirigées sur nos visages. Il y eut des bruits de bottes tandis que des soldats armés de mitraillettes remplissaient la salle. Pagaille au paradis du hamburger ! Un cauchemar vivant en pleine nuit.

« Eh bien, eh bien, qu'est-ce qu'on a ici ? »

Un jeune soldat avec un casque en métal enfoncé sur les oreilles et des yeux bleu délavé braqua sa mitraillette sur mon visage.

« Passeport ! » lança-t-il.

Tous les horribles films de la seconde guerre mondiale défilèrent devant mes yeux fatigués. Soudain, je me sentis envahi d'une énergie irrationnelle. Mes gènes juifs en avaient assez vu. Voici un juif qu'ils n'auraient pas comme une victime en reddition. Le jeune punk en uniforme accula sa mitraillette plus près de mon nez et commanda encore une fois avec toute l'autorité due à son état :

« Passeport ! Passeport ! »

Je me tournai avec un courage puéril, plongeai ma lourde cuiller dans la soupe amère et dis calmement : « Non passeport… Goulasch. » Je crois même que je la soulevai pour qu'il puisse voir.

Embrouilles. Embrouilles bêtement. Mon enfance défavorisée de poulet plumé a laissé des séquelles – même aujourd'hui je suis encore mal à l'aise confronté à l'autorité. Parfois, je redeviens le gosse terrifié avec des trous dans les chaussettes de la période de la Grande Dépression et là, le cerveau en manque de sommeil meurtri par les paroles de Leonard Cohen, complètement belliqueux, au-delà du raisonnable, advienne que pourra.

Leonard était abasourdi par ma stupide arrogance. « Harry, qu'est-ce que tu fais ? Demain tu retournes au Canada. J'ai encore quarante concerts à jouer. Je ne peux pas me permettre de passer la nuit en prison. »

Greta-Helga me regarda sarcastique, l'air de dire 'Je savais bien qu'on n'aurait pas dû l'emmener.'

Un officier plus âgé avait assisté à la scène et s'avança pour calmer les choses. Je lui dis que dans les pays libres du Canada et de l'Amérique, on ne se trimballe pas avec des passeports à chaque fois qu'on sort grignoter un bout la nuit. Pas de passeport. Il sembla plus raisonnable quand nous lui expliquâmes qui nous étions et il reconnut Leonard. En ce qui me concernait, il dit qu'il se contenterait de n'importe quel genre de pièce d'identité. J'avais sur moi un certificat de naissance de l'Ontario. Évidemment, il n'y avait pas de photo d'identité. Mais il était soulagé de se débarrasser de nous.

Greta-Helga servit de traductrice. « Qui cherchaient-ils ? »

« Tout le monde ! » dit le garde.

Il expliqua avec force détails qu'ils avaient entendu que des membres de la bande à Baader étaient en route sur l'autobahn cette nuit-là. Ils n'avaient pas été retrouvés. Les lumières vives redevinrent tamisées et le local retrouva son volume sonore normalement élevé. Inutile de préciser qu'on ne mangea pas beaucoup de goulasch cette nuit-là.

Greta-Helga retourna à l'hôtel, les yeux plein d'un dégoût silencieux. Nos yeux juifs souriaient. Leonard m'étreignit au moment où nous nous séparâmes. Quelle période ! Sa tournée se poursuivait et je revins au Canada sûr que nous avions les ingrédients d'un

très bon film dans la boîte, comme on dit. Et une histoire inoubliable.

' D'abord on prend Manhattan et ensuite on prend Berlin.'

Quelques mois plus tard, je rendis visite à Leonard à Montréal.

Il m'accueillit avec un petit signe de compagnon de route aguerri.

«La tournée est finie maintenant. Qu'est-ce qui t'a plu le plus ?» lui demandai-je.

«Je suis très content que ce soit fini. C'était une tournée difficile et certaines étapes étaient mal organisées et les musiciens et l'équipe ont subi des trajets et des épreuves inutiles.»

«Je vois que tu en as rapporté un trophée.»

«Eh oui, la seule chose que j'en ai ramenée est adorable. On appelle ça un…c'était du Théâtre Odeon à Edimbourg, ils le donnent aux artistes qui font salle comble. Et c'est une jolie petite plaque.»

Combien de plaques et combien de villes Leonard a-t-il visitées depuis cette tournée, je n'en sais rien. Il m'a dédicacé une grande affiche de lui-même dans une ville allemande, que je chéris. Dessus, il a inscrit, 'pour Harry qui m'étudie pendant que je l'étudie.'

Et ça a continué ainsi depuis.

En ce qui concerne le film qui est né de cette aventure, j'ai passé des mois avec le monteur accompli Paul Nicholich. Mes notes de direction tenaient sur une feuille de papier que j'ai gardée.

LE FILM
DE HARRY RASKY
«THE SONG OF LEONARD COHEN»

«Leonard Cohen est la ville. Il est le Canadien francophone et anglophone. Il est la jeunesse en quête. Il est le Canadien troublé. Il est la voix de la solitude. Il est la religion. Il est la parole. Il est le son. Il est le Juif errant. Il est plein de choses. Et le film doit refléter ça. L'entremêlement de ses nombreuses significations est la clé de l'effet global. Le film est la symphonie de ses sons et notre visualisation de ce que nous sentons que ces sons signifient. En racontant son histoire, nous devrions pouvoir raconter beaucoup des nôtres.

Le dispositif principal est d'utiliser la tournée de concerts comme métaphore de sa vie et des aspirations des Canadiens en général – écartelés, disloqués, s'accrochant à de vieilles valeurs, expérimentant de nouvelles. Son espace est Montréal... son espace est aussi la recherche... la recherche de l'autre... la recherche de nous-même.

On fait des va-et-vient de chanson à interview à concert – se dissolvant en accord avec le sens des paroles. Donc, dans cette idée, le film est en même temps le concert et la visualisation poétique du concert... avec des passages de Cohen parlant et

récitant. A la fin, ces périodes de paroles se fondent avec les sons produits par Cohen sur la guitare. Le film entier est donc comme un commentaire de ménestrel sur une vie et sur notre époque.»

Et ce fut ainsi.

Les critiques canadiens, à quelques exceptions notables, le balayèrent du revers de la main comme un film sur l'obsession de Leonard Cohen pour les femmes. C'est simple, ils ne comprennent rien.

Leonard lui-même, au beau milieu d'enregistrements et d'autres corvées de la vie de chanteur, visionna une version presque aboutie du film et témoigna une satisfaction prudente. Mais je savais que j'avais atteint un genre de perfection musicale et mystique avec ce travail, du moins c'est ce que je ressentais.

Et je ressentais juste. Je le savais parce que rien n'avait été laissé au hasard – chaque partie se fondait avec la suivante. J'aime à décrire la création d'une telle œuvre comme l'assemblage d'un grand puzzle. Il ne peut y avoir qu'une seule réponse parfaite pour une vie ou un paysage à un moment donné et c'était celle-là. Donc le film forma un genre de poème élaboré et pour les yeux et pour les oreilles. Ceci n'est pas l'expression de l'ego ou de la vanité, mais la remarque d'un artisan laborieux.

L'art survient dans la tête du créateur, parfois quand il n'en est absolument pas conscient – une grande souffrance ou une grande joie peut le déclencher – pendant ses heures de sommeil ou juste par surprise au beau milieu de la contemplation. Cela fait partie d'un désir vivide de retenir un moment spécial d'émotion,

un sentiment qui, curieusement, ne peut être livré que par l'acte de création !

Dans ce cas-là, on peut dire que ce film, gorgé de couleurs éclatantes et de sons explosifs, d'abord sur la route en tournée, puis ensuite dans les étapes méticuleuses du montage, m'a meurtri, a laissé des séquelles ineffaçables et j'étais lié à Leonard comme mari et femme ; nous étions tous deux des soupirants du désir de créer. Je pense que ce film fut une expérience déterminante. À cette période, je dansais juste sur la corniche de sa vie, j'imagine – comme un rabbin ivre de Chagall, au visage vert avec un violon. Mais plus tard, quand un peu de temps se fut écoulé, je compris que nous nous étions logés dans nos êtres respectifs – capturés. Nous étions des frères de lien.

Donc, quand des réunions avaient lieu, peu de mots étaient nécessaires pour échanger. J'eus du mal après la fin du film. Je m'étais engagé sur un film troublant intitulé *Être différent*, sur les monstres. Le sujet portait sur les gens avec un handicap physique, sans jambe, sans bras, un homme éléphant, des nains, des géants, le gosse barbu, un homme alligator, et j'en passe. Et malgré mes tentatives de le réaliser sans vulgarité et sans mauvais goût, je ne pouvais m'empêcher de me poser des questions sur mes propres goûts et sur les inclinations qui m'avaient poussé à l'accepter. Mon livre, *Nobody swings on Sunday*, venait de paraître. Pendant une semaine entière, je présentai une émission de radio à la CBC, sur mon Afrique tant adorée d'alors. J'étais sur le point de m'effondrer et je pense que, plus ou moins, c'est ce qui a fini par arriver.

Dans un accès de désespoir, j'appelai Leonard. Il répondit immédiatement en m'invitant généreusement au « Camp Cohen », une retraite bouddhiste au sommet

du mont Baldy, près de Los Angeles. Leonard puisait consolation et satisfaction dans cet environnement. Je portais la robe noire d'usage, on me pria de m'asseoir tout droit sur un banc tout dur, on me nourrit dans un petit bol, je dus me lever à quatre heures du matin pour « méditer ». Bon sang, quatre heures est l'heure à laquelle je m'endors d'habitude.

Le professeur de Leonard, maître, gourou, m'étudia, pinça mon nez et analysa, avec quelque justesse, « trop d'ego ». Le pincement déclencha un soupir de jalousie chez les autres « patients ».

Non, non. Je décidai que ce n'était pas un endroit pour un bon garçon juif ayant juste besoin de R&R, repos et relaxation. Au bout de quelques jours, je dis à Leonard ces mots exacts : « Leonard descends-moi de cette montagne ou je m'en vais à pied – s'il te plaît ! »

Je n'étais pas fait pour ce genre d'existence au sommet de la montagne. Leonard, avec sa drôle d'attirance pour le style militaire, l'adorait ! Libre à vous d'en tirer des conclusions. Je ne me voyais pas réciter sèchement des prières en sanskrit pendant que le soleil brillait – c'est là où se tient Dieu pour moi – ruisselait sur les feuilles vertes et que les oiseaux se baignaient dans les mystères divins. Quelqu'un, sauvez-moi, je fondis en larmes.

Leonard, compréhensif comme à son habitude, interrompit sa retraite le temps de me descendre de ce mont. Il admit que c'était dans un moment comme celui-ci qu'il avait décidé d'épouser sa femme complètement incongrue, sa femme bohème de la ballade triste. Peut-être qu'il s'était marié lentement, mais c'est ici que son esprit avait été submergé par elle. De retour dans ce bon vieux Beverly Hills, je suppliai mes amis Betty et

Sam Jaffe de m'héberger. Sam, l'ancien sage de *Lost horizon*, m'offrit sagesse et paix de l'âme. Et Leonard chanta pour moi et je fus sauvé, véritablement sauvé. Merci Leonard, pour cette tentative de consolation.

Puis, à New York la soirée de la performance de la prière.

J'avais pris l'habitude de descendre pendant cette période à l'hôtel Algonquin sur la 44ème rue. L'Algonquin était devenu une légende. Autrefois, c'était la planque de tous ceux qui comptaient à Broadway. Ici, Dorothy Parker lançaient les boutades qui l'avaient rendue célèbre – « les hommes ne draguent pas les filles à lunettes, » etc. Désormais, plutôt miteux, la planque de ceux qui recherchaient la caresse des ombres du passé. Il n'y restait plus beaucoup d'humour à l'exception de celui des grooms corpulents. Mais l'Algonquin était l'Algonquin. Alors que je pénétrai dans le hall, mon assistant cameraman, Johnny Maxwell, dont l'accent induisait à croire, à tort, qu'il venait tout juste de débarquer de Glasgow, m'accueillit par un « Il est ici. L'oiseau sur le fil. » C'était sa façon de dire que Leonard était à l'hôtel. Nous reprîmes contact. Reprendre contact avec Leonard équivalait et équivaut à reprendre contact avec une partie de soi-même – une partie manquante de votre esprit qui vient juste d'être retrouvée et rattachée.

J'allai dans sa chambre, pensant boire un verre et rattraper ces deux ou trois années d'errance séparée en quelques anecdotes. Nous étions tous les deux des Juifs errants. Lui, plus encore que moi.

« Je viens juste d'arriver d'Europe, Harry. » dit-il. « *Tefilin* ensemble. » Les *Tefilins* sont des objets que

les Juifs orthodoxes s'attachent au bras, près de la tête et du cœur, pour atteindre Dieu par la prière du matin.

Il ouvrit son vieux sac en cuir qui contenait quelques rares vêtements et dedans, il y avait deux jeux de prières, châles et *tefilins*. Pourquoi deux jeux ? Il ne donna jamais d'explication. Minutieusement, il ajusta les lanières – juste le bon nombre de tours, comme spécifié à chaque garçon en préparation à la bar-mitsvah. Leonard était plus doué que moi pour ça. Cela me conféra une sorte de paix. Je me rappelai ce que Tennessee Williams avait dit un jour, « La prière est un acte de consolation. Dieu est un bon mot – un mot court. »

Donc, voilà, nous étions deux Juifs voyageurs d'âge moyen, liés par notre passé, notre film, nos prières, dans une petite chambre de l'Algonquin. D'une certaine façon, cela était tout à fait cohérent dans un monde qui semblait complètement incohérent.

Shma Yisroel, Adonai Elohaynu, Adonai Echod. « Écoute Israël, le Seigneur est notre Dieu, le Seigneur est Un. » Le spécialiste hébreu Leo Baeck a expliqué toute la conception de la prière hébraïque dans un essai sur l'essence du judaïsme. « Comme le dit la prière hébraïque traditionnelle du matin, l'homme 'unifie Dieu' grâce à son amour pour lui. Dans son désir d''unifier Dieu', les instincts créateurs de l'homme trouvent un moyen puissant d'auto-expression. » Le spécialiste Abraham Joshua Heschel a ajouté : « Le culte est un mode de vie, une façon de voir le monde à travers le rayonnement de Dieu. »

Leonard aspirait à trouver un tel rayonnement, une telle unité. Comme d'autres grands poètes de l'amour

avant lui, il avait transcendé son intérêt pour l'amour humain et féminin en amour divin.

John Donne, l'un des grands maîtres de l'adulation féminine («Fermez vos lèvres et laissez-moi vous aimer») fut promu – si c'est le terme qui convient – Prêtre de Saint Paul – une beauté vraiment plantureuse. Pour Leonard, cela se traduisait par un temps accru en retraite sur sa montagne à chercher le Bouddha en lui. Il écrivit un recueil de poèmes liés au culte. Il changeait, désirant, voulant trouver des réponses à des questions insolubles. Sa musique avait aussi mûri jusqu'à des degrés inédits de splendeur spirituelle.

Il était, et, à bien des égards, est toujours le poète des cœurs et des rêves brisés, toujours vrai avec lui-même, recueillant les indices des poètes du passé, comme Robbie Burns, qui résuma les tourments du cœur humain – «Ne nous fussions-nous jamais rencontrés et jamais séparés – nous n'aurions pas le cœur brisé.» Pleurez pour nous tous – c'est ce que Leonard a tenté de faire.

Tout cela donne le frisson, surtout lorsqu'on considère la stupidité de tant de «chroniqueurs musicaux» ou critiques au Canada qui s'entêtent à écrire sur le Leonard d'aujourd'hui comme ils l'auraient fait pour le Leonard âgé de trente ans – avec le sarcasme propre à la jeunesse.

Le *Globe & Mail* a consacré deux pages récemment à un événement – une convention d'admirateurs de Cohen qui s'est tenue à Montréal. «Imaginez une convention sur *Star Trek* remplie entièrement de fans de Sylvia Plath.» Le journal critiqua ce que les admirateurs de Cohen portaient, il critiqua les cadeaux que

Leonard, ne pouvant être présent, avait fait livrer, il critiqua les nouveaux poèmes qu'il avait envoyés.

Et parfois dans la longue nuit
Les humbles et les maudits
Ravivent nos cœurs
Et plongent à mille baisers de profondeur.[1]

Pendant ce temps, alors que Cohen continue sa recherche et évolue avec l'esprit de son temps, certains ont pris d'autres chemins, cédé à d'autres dieux. Bob Dylan était assis comme un épouvantail aux yeux tristes à la remise des prix du Centre Kennedy, faisant désormais partie des institutions de ce siècle. L'auteur David Brooks décrit ce nouveau monde dans son livre *Les bobos au paradis : la nouvelle classe supérieure et comment ils en sont arrivés là*. Bob Dylan et Crosby, Stills et Nash jouent maintenant des concerts lors de conférences privées organisées par Nomura Securities. Les bohèmes sont devenus des banquiers. Peut-on rêver plus belle victoire ?

Plus belle victoire ? La plus belle victoire reste la victoire du cœur, le Néchama, l'esprit, l'âme. Oui. Oui. Oui !

Donc, quand je reçus ce coup de fil de Leonard il y a peu de temps, j'étais ravi, mais pas vraiment surpris. En toute modestie ! Deux vieux amis se connectant à travers le continent.

La vérité au sujet de Leonard, c'est que, contrairement à ce que ne comprennent pas certains critiques quand ils disent qu'il est toujours pareil, il est toujours

1. And sometimes when the night is slow/the wretched and the meek./ Gather up our hearts and go/A thousand kisses deep

différent. Un poète-chanteur n'est pas seulement un chanteur. Il est plein de surprises, s'efforçant de se régénérer constamment à travers de nouvelles formes. Pour certains, il semble aussi répétitif que le boléro, mais ce n'est pas ça, tout simplement pas ça.

Le géant talentueux du cinéma Robert Altman a réalisé le film *McCabe and Mrs. Miller.* Planant au-dessus de tout, comme les neiges des montagnes de la Colombie Britannique, Leonard a prodigué le lamento éternel. Mon dernier film majeur, *Prophecy*, m'a été inspiré par des paroles de Leonard. Il y a peu, j'ai pu le réaliser autour d'une chanson relativement récente, *The future*, et c'était véritablement surprenant. Curieusement, Leonard réussit à devancer les gros titres. Au moment où O.J. est relâché sans chef d'inculpation, où Georges W. se complaît à «griller» par électrocution les noirs du Texas, où l'air et l'eau que nous consommons sont devenus du poison, Leonard a proclamé avoir vu l'avenir – et c'est le meurtre. Et pourtant, et pourtant, à travers ses larmes pour nous, il continue de nous assurer que l'âme est bonne. Leonard, j'espère que tu as raison.

Lors de son coup de fil, Leonard m'a dit, «Oui, je suis redescendu de la montagne. Ça me donne l'impression qu'un grand poids s'est envolé.» Il plaisanta qu'il avait trouvé la chambre d'hôtel parfaite.

Et puis, après l'annonce de sa victoire, je cherchai le chercheur et il était déjà reparti – retourné en Inde vers le grand 'peut-être'.

Beaucoup ont tenté de l'analyser, sans grand succès. Il vous échappe. Il y a un quart de siècle, le chroniqueur musical Paul Williams écrivait dans *Crawdaddy* :

> « Parler avec Leonard Cohen, c'est comme revenir sur terre de manière inattendue après des mois dans des stations de métro et des supermarchés. Il y a de la résilience chez cet homme et dans sa conscience de soi – il a l'air de savoir ce qu'il fait. La plupart des chanteurs-compositeurs contemporains ne sont pas des artistes aboutis ; ils sont trop jeunes ou ont connu le succès trop jeunes et n'ont jamais dépassé ses mirages. Cohen est une exception...
>
> C'est le premier de la génération rock à atteindre la maturité, sa conscience, son courage et son sens de l'humour toujours intacts. »

Tenter de débusquer le vrai Leonard est devenu un genre de 'jeu favori'. Dans un cours que j'ai enseigné à l'Université de Toronto, intitulé « Les Canadiens passionnés », il y eut beaucoup de discussions sous forme d'essais sur le véritable Cohen. L'étudiante la plus brillante a peut-être été celle qui a fouillé dans son passé personnel en histoire de l'art pour ramener une œuvre par l'homonyme de Leonard, Leonard De Vinci, intitulée « Portrait de Ginerva de Benci », son seul portrait en Amérique du Nord. Le peintre avait écrit au dos du tableau, « La Beauté Orne la Vertu. » Elle avance l'hypothèse que cette phrase lui est restée car elle lui redonnait confiance dans des moments de doute, quand la vérité nous échappe et que nous avons besoin d'un rappel de ce qui a été appris et observé de l'humanité. Leonard, l'aventurier des idées, explore les dimensions cachées des raisons pour lesquelles nous souffrons et pour lesquelles nous aimons.

Cette maxime souvent citée de Pascal dit que « le cœur a ses raisons que la raison ne connaît pas. »

Le cri outré de Cohen exprime la terreur du combat que nous vivons, le combat entre le cœur et la raison, et, parallèlement, notre désir irrésistible de comprendre. Même le Dr. James Watson, découvreur du double hélix et athée invétéré, m'a avoué que le gène de l'amour ne sera probablement jamais trouvé.

Et donc Leonard, descendant des grands prêtres hébreux, ayant lavé Westmount hors de son être, en toute logique, désire ardemment comprendre l'éternel et l'unifie et le chante. Il a fait preuve de foi en l'avenir en encourageant son fils chanteur, Adam, à le rejoindre sur quelques chansons.

George Steiner, un philosophe extraordinairement éloquent, a commenté : « Du pouvoir analysable arbitraire tout-puissant, souvent désastreux, de l'amour, émerge la pensée que 'Dieu' n'est pas encore. Qu'il va devenir, ou, plus précisément, devenir à la portée manifeste de la perception humaine seulement après que l'abus sera si immense et toutes les injustices infligées à l'homme ou la bête justifieront la découverte de l'athéisme dans la mesure où il empêche Dieu de faire ce qui devrait être véritablement sa première apparition. Mais je suis incapable, même dans les pires moments, d'abdiquer la croyance que les deux miracles validateurs de l'existence mortelle sont l'amour et l'invention du temps futur. Leur conjonction, si elle doit un jour se réaliser, est le Messie. »

Amen !

Je me languis du jour où Leonard et moi-même, âmes errantes, pourront mettre nos châles de prières et prier et, oui, chanter ensemble en hébreu Modeh ani lefanecha – Je te suis reconnaissant, Ô Seigneur, pour cette nouvelle journée où j'aurai la chance d'apprendre et de jouer et de rire...

Et ceux qui dansent commencent à danser
Et ceux qui pleurent commencent à pleurer
Et ceux qui sont profondément perdus
Sont perdus et restent perdus[1]

***

Et maintenant, voici la voix chantante à l'autre bout du fil, rocaille et miel et passion et plaisir. « *Yom Kippur Ha'zeh*… C'est Leonard. Je t'ai appelé pour te souhaiter une bonne santé pour la nouvelle année. » La mort hantait nos esprits en cet automne 2000. Leonard et moi-même étions devenus amis, chacun de notre côté, de Pierre Trudeau. D'une certaine manière, nous étions tous reliés, par le style, l'aspiration, une soif de vivre indéniable, et à cette époque de nos vies, un profond dévouement à nos enfants. Tous trois des patriarches option Ancien Testament. Le casse-tête d'élever des enfants et de les protéger des feux des projecteurs publics après avoir acquis soi-même une certaine notoriété ou célébrité.

En ce qui me concerne, cela avait pris la forme ce que je me plaisais à appeler « le déjeuner au sommet ». Chaque année, le jour de l'ouverture du Festival International du Film de Montréal, Trudeau et moi nous retrouvions pour un déjeuner asiatique et il me rejoignait pour la première mondiale de mon dernier film. C'était une source de fierté personnelle que l'ancien dirigeant, et l'un des plus brillants, prenne le temps de partager cette expérience. Parfois Pierre emmenait l'un de ses fils avec lui et j'emmenais Adam, mon fils, qui étudiait

1. And those who dance begin to dance/Those who weep begin/And those who earnestly are lost/Are lost and lost again

la médecine à Montréal. Nous nous réjouissions de cette perpétuation, de ce lien dans nos croyances incarnés par nos enfants. Cela donnait un sens à nos vies, là en chair et en os.

Trudeau était un homme pieux, même si sa foi fondamentale avait été ternie par la mort accidentelle de son plus jeune fils, victime d'une avalanche. Dieu se vengeant de quoi ?

Je me souviens d'un déjeuner à essayer de le réconforter avec un poème d'Emily Brontë, *Avec le courage d'endurer.* Mais qui peut endurer l'inendurable ? Je lui parlai de la coutume hébraïque du deuil – un an pour un parent, un mois pour un conjoint, à jamais pour un enfant.

Et pour lui, c'était à jamais. J'observai la vie, la jeunesse, se retirer de lui. Réconfort ? Je n'en suis vraiment pas sûr.

Je ne fus pas surpris d'apprendre sa mort. Cet homme qui semblait incarner le meilleur de ce pays, sa jeunesse, sa beauté sauvage, son aventure vierge. Il était parti, et avec lui, une grande partie de nous-mêmes. Il restait le médiocre, notre défi amoindri sans notre dirigeant. La poésie de notre âme, menacée.

Le seul film que Trudeau avait demandé de garder était *The Song of Leonard Cohen.* Lui et ses fils l'avaient usé jusqu'à la corde, m'avait-il dit un jour.

Aussi n'avais-je pas été étonné d'apprendre que ses garçons avaient demandé à Leonard d'être un membre honorifique du cortège funéraire. Beaucoup de gens n'avaient pas compris. Mais Trudeau était constamment à la recherche de la poésie de l'âme. Les doux flux et reflux du canoë étaient une petite musique qu'il

chérissait. Les forêts du Nord étaient les paroles fragmentées, l'horizon de la quintessence de son être.

Je ne fus pas plus surpris lorsque Leonard me dit comment Trudeau, dans ses jours d'agonie, l'avait prié de lui lire un de ses poèmes sur la mort, en boucle. Bien que Trudeau soit un fervent catholique et ne se départisse pas de sa foi fondamentale, il se tournait vers ses amis juifs pour un genre de réconfort poétique – vers Leonard avec ses chansons et ses poèmes de recherche spirituelle et vers le son pénétrant de Barbara Streisand. Oui, on a vraiment besoin des autres !

Bien sûr, Leonard avait écrit et récrit cette prière hébraïque splendide du Jour du Grand Pardon, *Qui par le feu ?* Une chronique de qui survivrait l'année suivante, et quels noms seraient inclus dans le livre de la vie. « Ô Seigneur, accorde-moi encore un an, encore une saison pour savourer la bonté du matin, le plaisir du jour, l'amour de la famille. »

Nous parlâmes de ces choses, ces choses qui nous relient, les rires que nous avions partagés, la passion de la création. Leonard et moi parlâmes de bien des choses.

Leonard me dit que chaque vendredi soir, il allumait les bougies du Shabbat avec ses enfants, comme je le faisais avec ma merveilleuse femme. Les pensées et les mots et les silences nous réunirent. Et j'entendis son chant encore une fois….

LES JOURNAUX INTIMES DE DYLAN

Une chanson jamais chantée, vers 1966

Comparons maintenant les mythologies, comme dirait Leonard. Puisqu'on a si souvent comparé Leonard à Dylan. Peut-être que si je couche ici mon expérience avec Dylan, vous me pardonnerez ce détour littéraire. L'histoire est rapportée dans ce qui deviendrait Les journaux intimes de Dylan, *écrit il y a quelques années, mais publié aujourd'hui pour la première fois. Prenez patience en le lisant, partagez ma souffrance. L'époque est 1966 ou à peu près.*

« Dylan ! »

D'abord il y eut le mot.

« Déjà entendu parler de Bob Dylan ? » La voix de mon agent, Bernie Wintraub de G.A.C., au bout du fil de mon appartement de Manhattan, était autant une question qu'un défi. « 'videmment que j'ai entendu parler de lui. C'est un chanteur de folk louftingue. J'ai lu un article sur lui dans le *New York Times*. Certains disent que c'est un poète. Certains disent que c'est un taré et d'autres un génie. Et donc ? »

C'était le soir de la Pâque Juive et je m'apprêtais à conduire ma femme et ma fille Holly, alors âgée de quatre mois, chez mon frère à Long Island. Cela semblait être la chose normale, la tradition à suivre en pareilles circonstances. Comme il s'avéra, le dernier acte de pondération pour les quelques temps à venir.

(« Ô mon Dieu, pourquoi cette nuit se distingue-t-elle de toutes les autres nuits ? » J'étais sur le point de le découvrir.)

«Je t'ai recommandé comme producteur d'une émission de télé sur ABC spéciale Dylan.»

La voix de Bernie s'éleva d'un ton, ponctuée par l'enthousiasme de son acte de foi perceptible.

« Musicale ? » Comme je revenais tout juste du Vietnam, la question semblait légitime.

« Non. Oui. Non, pas exactement. En tout cas, il se peut que tu sois obligé de t'envoler tout de suite pour l'Australie. Et puis autour du monde… et puis… »

« Attend une minute. Ce soir, c'est la Pâque Juive. Je ne peux pas aller en Australie. »

«Je ne te dis pas de partir ce soir. Mais il se pourrait que tu doives rencontrer le manager de Dylan. Il part pour la côte ouest ce soir et puis l'Australie et puis le reste du monde. Et peut-être qu'il voudra que tu l'accompagnes. »

« Ok, ok. J'irai en Australie, mais pas avant le Seder de ce soir. D'accord ? Si je ne pars pas immédiatement, je vais rester coincé sur l'autoroute de Long Island et je n'atteindrai jamais Rockville Center qui est là où mon frère vit sur le chemin de l'Australie. »

« Bon, écoute. Attend une seconde. Je vais demander à Lester Gotlieb, qui s'occupe de ça, d'avoir le manager et peut-être que tu pourras le rencontrer avant qu'il décolle. Ça pourrait faire une super émission. Et Dylan est hot. »

Je calmai ma femme qui calmait ma fille déjà habillée pour sa longue expédition vers Long Island. Toutes deux me lançaient des regards hostiles.

« Mais Bernie a dit que Dylan est hot. » j'intercédai.

«Ton bébé est hot,» dit ma femme pourtant d'habitude si patiente et agréable. «Tu reviens à peine du Vietnam et maintenant tu vas en Australie ? »

« Mais le Vietnam, c'était pour la guerre. Là, c'est autre chose. Ça pourrait être fun. Musique et... » J'esquissai quelques pas de danse feutrés et attendis. Nous voyions la pénombre descendre pendant l'attente et le bébé qui semblait exprimer ses propres idées sur la question fit pipi deux fois dans sa couche.

Au bout d'une heure, le téléphone sonna. C'était Bernie. « Pas pu avoir le manager. Tu ferais mieux d'aller fêter la Pâque Juive et rappelle-nous demain. »

Je trouvai ça bizarre qu'ils ne puissent pas joindre le manager de Dylan, qu'il parte pour un voyage autour du monde sans avoir organisé auparavant une émission télé de cette importance avec un producteur.

« Fuyons, » me dis-je. « Fuyons. » Mais coincé deux heures sur l'autoroute de Long Island parce que notre départ avait été retardé et avec ma fille qui pleura sans interruption pendant les « Quatre questions » et la carpe farcie, il y avait peu de chance de s'enfuir. Le raifort me sembla particulièrement fort ce soir-là.

Le lendemain, j'eus une réunion dans les bureaux de G.A.C, un genre d'imitation de l'American à ses débuts, qui est un genre d'imitation du M.C.A. sur le tard, avec Lester Gotlieb, un agent aimable et bonhomme dont l'expression blasée s'était vraisemblablement figée à la suite de décennies à assister en coulisses aux ravages du show business.

« J'essaie d'avoir Albert Grossman, le manager de Dylan, au téléphone pour qu'on prenne l'avion pour aller le rencontrer à L.A. »

Gotlieb étudia mes références. J'avais produit, réalisé et écrit des documentaires de toutes sortes partout dans le monde pour une demi-douzaine de chaînes depuis une douzaine d'années. Je me plaisais à penser que, de situations difficiles, j'arrivais à produire éducation et divertissement et beauté. J'avais suivi Fidel Castro à travers les rudes nuits cubaines, j'avais poliment dirigé Lady Bird, prise de vue après prise de vue, à Washington, pendant tout un été humide, j'avais été parachuté au-dessus des mers de la Chine du Sud sur les côtes du Vietnam et j'avais fait mon chemin à travers tout le continent africain. Dylan était un autre genre d'aventure et j'étais curieux !

Quatre jours passèrent. Je décidai d'oublier l'émission et je préparais une autre émission sur l'abbaye de Westminster à Londres. Le jeudi soir 7 avril, un peu avant minuit, le téléphone sonna. Mon bébé se mit à pleurer. C'était Gotlieb. « Grossman veut que tu viennes à Hollywood. Dylan te verra demain. Ils s'en vont pour Honolulu demain soir. »

Gotlieb descendit à l'hôtel de Beverly Hills. Je décidai de descendre au Continental Hotel où était Grossman. D'une certaine manière, il semblait sans prétention,

même si le Continental était la planque de Hollywood pour les musiciens, qui y résidaient à un tarif préférentiel, comme Gene Autrey qui avait fait fortune en chantant et en souriant à cheval.

Albert Grossman, le manager de Bob Dylan et d'autres chanteurs comme Peter, Paul and Mary, avait la réputation d'avoir gagné des millions avec la musique folk adolescente et dans le monde du folk-rock. Là, au Continental Hotel, il m'accueillit tandis que les disques de Dylan s'éraillaient sur un tourne-disque portatif. Grossman, visiblement adepte du « À Rome fais comme les Romains » avait de longs cheveux gris à la mode du mouvement de musique moderne. Ses boucles évaporées minutieusement peignées lui donnaient un look qui se situait quelque part entre Ben Franklin et votre Tante Fannie. Il vous scrutait derrière ses lunettes à monture métallique comme s'il se délectait d'un secret non divulgué vous concernant.

« Un jour, on se souviendra de Dylan comme de Shelley et de Keats. »

(Je me dis in petto, « Fuyons, fuyons. »)

Je dis à Grossman, « Ah oui. C'est formidable. » Grossman mit un autre disque. Je n'arrivais pas à discerner les paroles bien que je sois tout à fait sobre.

Après que Gotlieb et moi ayons dit que c'était « intéressant », Grossman tourna le bouton de fréquence d'une radio portative. Il trouva Dylan trois fois. J'étais impressionné mais je me demandai ce que Percy Bysshe Shelley et John Keats en auraient pensé. Ce n'était pas exactement *Ozymandias*.

Gotlieb devait aller à une autre réunion en ville avec Pat Boone. Je continuai à écouter du Dylan jusqu'à ce que la version originale arrive. Une demi-douzaine

d'hommes chevelus envahit la chambre. L'un d'entre eux avec des chaussures à talons en velours violet, tout vêtu de velours côtelé, derrière ses grandes lunettes noires, me dit, «Hé mec, t'as quoi pour l'estomac et la tête.»

«Mr. Rasky, voici Bob Dylan.»

(«Saute dans le prochain avion», me dis-je intérieurement.)

«Je crois que j'ai du Gelusil,» dis-je à Dylan.

Sa poignée de main faisait penser à de la laitue flétrie. Il enleva ses lunettes. Il y eut un moment, peut-être une seconde, où je fus touché. Au plus profond de ces yeux, au-delà de ces cheveux rebelles, je vis un regard. C'était de la douleur et de l'amour et de la peur et du chagrin et une étrange tendresse. C'était un garçon accroupi sortant d'une tempête et disant quelque chose comme «Ne me frappez plus.» C'était un chat de gouttière qui réclamait attention et caresses. C'était une solitude atroce. Et puis, plus jamais je ne revis ce regard.

Mais dans ce fragment de temps fugace, j'avais vu le fugueur. Selon les légendes, il est né le 24 mai 1941 à Duluth, dans le Minnesota et a essayé de fuguer pratiquement dès qu'il a su marcher. Et fuir fuir toujours fuir. Il s'enfuit de la ville moribonde où il avait été élevé, Hibbing. Puis il s'enfuit de son nom et de sa famille, qu'on dit avoir été les pauvres esclaves blancs de la misère. Maintenant, le maître riche, c'était lui.

«Je sais pas ce que tu fous là, mec.» aboya-t-il.

«Je suis un écrivain, réalisateur et producteur.»

«J'ai pas besoin d'un écrivain, réalisateur et producteur.»

Et c'est comme ça que commencèrent la conversation et l'aventure. Ce qui suivit est digne des Marx Brothers. En fait, je crois que ça en était. Un jeune homme, encore plus mince que Dylan, si c'est possible, entra dans la pièce, un béret sombre vissé sur la tête.

«J'y crois pas, mec. Qu'est-ce t'as fait à tes ch'veux?»

Apparemment, il était dans le groupe de Dylan et avait coupé ses longues boucles.

«C'est juste que je suis rentré chez moi au Texas et ils kiffent pas les cheveux.»

«C'est ok, mec, j'ai une perruque.»

Le service d'étage fit six allers-retours. Coca et thé glacé et homard. Et quatre musiciens affalés sur le lit écoutant les disques de Dylan qui jouaient *Rainy Day Women #12 and #35* (avec les paroles 'Tout le monde doit être défoncé…') Et le pauvre garçon qui cachait ses cheveux qu'il avait perdus dans une ville coincée du Texas.

Le cameraman D.A. Pennebaker, un adepte du Cinéma Vérité, une forme d'expression qui signifie la vérité à main levée pour certains et pour d'autres des plans bâclés mal cadrés, se précipita dans la chambre et dit qu'il avait besoin de se raser.

Je demandai à Dylan ce qu'il pensait des films des Beatles et s'il souhaitait son émission spéciale comme ça.

«Hé non mec, ils sont quatre, je suis tout seul.» Je lui demandai ce qu'il pensait que son film devrait dire. «Dire, mec, ça a pas besoin de dire quoi que ce soit.»

Je lui demandai s'il pensait qu'il devrait être divertissant. « C'est quoi, divertissant, mec ? Tu vois pas, ça doit être quelque chose. Pas comme ce truc sur Barbara Streisand. Je veux dire que ça doit être quelque chose qu'on n'a encore jamais fait. »

« Mais quoi ? »

« Je sais pas. Comment je pourrais savoir maintenant ? »

Tout le temps où il parlait, sa jambe tremblait et il fumait en permanence. Ses doigts étaient tellement jaunis par la nicotine qu'ils ressemblaient à des brindilles tordues.

S'ensuivit une conférence avec son manager dans la salle de bain.

« Écoute, mec, j'sais pas qui tu es ou c'que tu fous ici, » dit-il après être sorti des toilettes. « Si la chaîne veut que tu viennes et que tu nous regardes et que tu filmes, tu prends ton oseille. Mais j'ai pas besoin de toi. Je me fous de qui tu es. J'ai pas de temps à perdre. »

J'essayai de lui expliquer que c'était lui, en fait, qui avait payé mon billet pour la côte ouest.

« Écoute, si je veux un réalisateur, je peux appeler Marlon Brando. Il a un plus grand nom que toi. »

Son manager glissa que Brando n'était peut-être pas disponible.

Maintenant, c'était un chat de gouttière sauvage et hostile. L'espace d'un instant, j'eus envie de lui donner une fessée. Mais on ne donne pas des fessées aux stars, me dis-je. Il griffait l'air avec sa voix et puis se retira en lui-même. J'avais posé des questions et Dylan avait recommencé à fuir. D'une certaine manière, j'avais commencé à représenter l'autorité dans sa tête. Son

ennemi, le passé. Il ne voulait pas rester dans la même pièce que moi.

« On se verra à Copenhague, » ont été les derniers mots que je lui ai lancés.

Si je devais produire l'émission, il était convenu que ce serait là où le tournage commencerait dans trois semaines.

Et puis suivit une course-poursuite à travers les capitales et les continents. Kafka s'était emparé d'une situation complètement hors de contrôle.

Le manager Grossman dit qu'il me ferait savoir de Honolulu si on démarrait. Ce week-end-là, je reçus des avis contradictoires de quelques-uns de mes meilleurs amis professionnels.

Norman Jewison, un ancien camarade de fac et à cette époque réalisateur du film *Les russes arrivent*[1] dit, « Dylan est l'un des plus grands jeunes artistes de notre temps. » Arthur Hiller, avec qui je travaillais à la CBC, dit, « La vie est trop courte. »

Quand je revins à New York, je n'avais toujours pas eu de nouvelle et je tentai une fois de plus de me sortir ce projet de la tête. C'était difficile. Cette solitude atroce que j'avais vue l'espace d'un instant dans les yeux de Dylan semblait me hanter. Sur pas mal de points, ma propre vie avait récemment changé. J'étais allé au Vietnam et j'avais vu la folie de la guerre en gros plan. J'avais vu des jeunes gens au combat et découvert que certains aimaient les horreurs de la guerre et que d'autres traversaient ces combats qui leur étaient étrangers comme des somnambules. Coca-Cola au

1. *The Russians are Coming, The Russians are Coming*

Delta du Mékong et un tour en hélicoptère où le pilote pointait sa mitraillette sur les rizières en dessous tandis que j'écoutais *Days of Wine and Roses* à la radio. La civilisation américaine telle qu'elle était représentée par son président et sa politique obstinée semblait aussi insensée que les scènes insensées du Continental Hotel.

Je me mis en quête d'éclaircissements dans le travail de Dylan. Dans certaines de ses paroles, je sentais la colère sincère de la jeunesse. Dans son *Masters of War*, il y avait le genre de terreur que j'avais ressentie au Vietnam et vue sur les visages des jeunes soldats.

Les mots étaient forts, et furieux, mais pas vraiment poétiques et je découvris beaucoup de noirceur dans pas mal de chansons. Si Dylan protestait effectivement contre l'injustice, il semblait ne vouloir y répondre que par la vengeance. Ça ressemblait à un jeune garçon bravant ses parents avec un «J'espère que vous allez crever.»

Je me souvenais que de mon temps, des fanzines de fac présentaient ce genre de contenu. Mais dans les jours de l'après-deuxième guerre mondiale, lorsque j'étais à l'école, le monde gravitait dans une orbite plus optimiste, même si c'était après Hiroshima. Maintenant, dans la décennie du Vietnam, le timing de Dylan était parfait. Si l'histoire de l'humanité avait conduit à l'obscénité de cette guerre invraisemblable, pas étonnant qu'il ait trouvé un public de contestataires. Mais il manquait deux choses dans ces ballades historiques qui feraient un jour partie du folklore américain : l'Amour et l'Espoir. Rien de tout cela chez Dylan.

Et puis, malgré son succès, la question sous-jacente se posait encore s'il fallait ne serait-ce que le prendre

au sérieux. L'un de ses plus fervents admirateurs était Robert Shelton du *New York Times* qui avait appelé Dylan, « Le pionnier… le défricheur de chemins vierges et l'innovateur. » Eh oui, certes, Dylan avait mis sa poésie de fanzine de fac en musique. Et il faisait beaucoup de bruit.

Qu'il soit un observateur ou un clown, il n'en restait pas moins que des milliers de gens connaissaient son nom et même si ce qu'il représentait n'était qu'une vague anarchie, on ne pouvait nier que ses attitudes et ses métaphores confuses agissaient sur beaucoup de jeunes gens comme une sorte de thérapie. Et il y avait beaucoup d'argent en jeu.

Une semaine plus tard, le mot d'ordre arriva d'Australie de rejoindre la troupe en Europe. J'avais entendu dire que sa tournée en Australie avait été plus ou moins désastreuse. La foule avait été clairsemée et selon *Variety*, Dylan s'était mis la presse à dos avec ses réponses d'autruche la tête enfoncée dans le sable.

Cela le changeait des tournées triomphales auxquelles il était habitué. Ça n'avait pas suivi au pays des autruches.

Entre-temps, on était convenu à New York que Pennebaker fournirait l'équipe de tournage pour l'émission télé spéciale Dylan. Il avait fait un film de deux heures l'année précédente et avait acquis la confiance de Dylan. Son technicien du son devait être une blonde aux longues jambes répondant au nom de Jones – Jones, c'était son prénom.

« Penny » et moi eûmes une brève discussion à New York sur notre approche du sujet. Nous étions très éloignés, mais il semblait toutefois possible de collaborer. Pour les disciples du Cinéma Vérité, la caméra ne doit

jamais être intrusive. L'éclairage ne doit jamais être intrusif. Le son ne doit jamais être intrusif. En ce qui me concerne, j'ai toujours perçu la réalisation cinématographique comme une espèce de mensonge et par essence, il y a incompatibilité de termes. À la minute où une image a été cadrée, quelque chose a été exclu ou inclus de manière arbitraire. Lorsqu'un film est monté, il tire profit de la faculté qu'a l'esprit de leurrer les yeux. Donc, le Cinéma Vérité, dans un sens, est le plus grand des mensonges – il suit les gens le long des couloirs comme si le cameraman boitait parce le chariot serait ressenti comme intrusif… il filme les têtes de derrière, ce qui est rarement la façon dont nous voyons la réalité, en réalité… il s'éternise sur des images floues car rien n'a été prévu à l'avance. Pourtant, nous voyons bien les objets de manière nette sauf si on est myope et qu'on a perdu ses lunettes. Pour moi, filmer a toujours signifié un regard créatif sur la réalité… la substance des sens arrangée pour créer une émotion.

Malgré toutes ces différences, il fut convenu que nous nous retrouverions à Londres en début mai car préparer l'équipe de tournage à temps pour la Scandinavie s'avérait difficile.

C'était le printemps à Londres. En dépit de l'article récent dans le *TIME* qui avait surnommé Londres la ville branchée, le vieux Londres était toujours là. Les mangeurs de roastbeef faisaient toujours de l'humour anglais en paradant autour de la Tour de Londres et en traitant ce bon vieux Roi Henry comme s'il était mort hier matin. Au théâtre, il y avait toujours des boissons ou du thé pendant l'« interlude ». Et l'abbaye de Westminster avec sa majesté gothique fêtait son anniversaire – neuf cent ans, si ce n'est plus. Une ville truffée de tradition attendait un jeune chanteur et ses

amis dont les chansons et l'attitude proclamaient que l'histoire jusqu'à aujourd'hui devait passer à la trappe.

J'attendis au May Fair, l'hôtel londonien somptueux, le groupe de Dylan qui devait faire une escale sur leur trajet de retour d'Australie. Lors de la dernière tournée, tout le monde était descendu au Savoy. Cette fois-ci, curieusement, le Savoy dit qu'il était complet, malgré le fait que d'autres personnes de ma connaissance s'étaient inscrites au registre.

La nouvelle arriva du bureau de Tito Burns, les organisateurs européens de la tournée, que le groupe irait directement à Stockholm. J'essayais d'appeler Dylan et Grossman tous les jours pour savoir si je pouvais les rejoindre à Stockholm. On ne répondait jamais à mes appels. Puis, ils déménagèrent à Copenhague pour un concert d'une soirée. Ils restaient injoignables.

Trois jours plus tard, le groupe arriva à Londres. Je levai les yeux de mon thé de cinq heures dans la réception du May Fair et je vis un homme menu à la peau foncée qui filmait en traversant le hall. Une discussion à voix haute éclata. Dylan et deux des membres de son groupe détalèrent à travers le hall comme s'ils voulaient échapper aux chasseurs d'autographes. Il n'y avait ni voiture ni chasseurs d'autographes. Une limousine géante et un chauffeur cockney étaient garés dehors.

Une demi-heure plus tard, l'équipe de tournage dirigée par Pennebaker coiffé d'un haut-de-forme gris ringard sortit d'une autre limousine. On me dit qu'il revenait tout juste de Scandinavie où il avait tourné mille cinq cent mètres de pellicule en couleur.

Seul commentaire : « C'était géant. » Pas d'explication. Le manager Grossman était parti pour Berlin ou Paris ou je ne sais où.

Une demi-heure plus tard, je pénétrai dans la suite 124 où Dylan était installé. Il était affalé sur un canapé, avec ses lunettes noires. Il portait son pantalon en velours côtelé violet, il avait enlevé ses chaussures et mis les pieds sur la table. Ses doigts de pied s'agitaient en une espèce de danse de Saint-Guy.

« Hé salut. Bienvenue à Londres, » dis-je d'une manière qui sonne avec le recul bêtement amicale.

Dylan leva les yeux, me fixa à travers ses lunettes noires et accoucha d'un hochement de tête réticent. Il zappa de chaîne de télévision. Il demanda six magazines à la réception.

« Je peux pas sortir à Londres, » lança-t-il à l'un des jeunes gens chevelus parmi la demi-douzaine qui se trouvaient dans la chambre, tous affalés dans des fauteuils.

J'avais vu Lorne Greene, avec qui j'avais travaillé pendant plusieurs années, dans le hall. Dans le périmètre étaient assis Dan Blocker, le Hoss de la série télé *Bonanza*, Tony Randall, et Sammy Davis Jr. La nuit d'avant, j'avais vu, à une pièce de théâtre de Noel Coward, Glenn Ford qui avait fait le narrateur pour mon dernier film sur le Vietnam. Tous ces gens avaient l'air de pouvoir « sortir à Londres. »

Jones, la technicienne du son aux longues jambes, m'adressa un sourire de bienvenue. Une demi-douzaine de magazines furent amenés et Dylan sembla tous les engloutir d'un coup.

Dylan leva la tête et dit à personne en particulier, « Hé, non mais écoute ça, mec, un type dit 'Je préfèrerais mourir plutôt que ma fille se marie avec un 'nègre'.' Non mais tu te rends compte ! En gros dans ce magazine. »

Dylan zappa à nouveau de chaîne de télé. La BBC diffusait une série intitulée *Toutes nos journées d'hier*, au sujet de la seconde guerre mondiale. À un moment, une croix gammée apparut sur l'écran.

« Hé mate-moi ça. C'est fun. Je voudrais trop en avoir une, » dit l'un des musiciens.

Dylan était en train de finir son sixième magazine en à peu près six minutes quand Pennebaker empoigna le téléphone. « Hé, mec, utilise pas le téléphone. Marlon (Brando) doit appeler. »

Brando n'appela jamais.

Le lendemain matin, je conduisis jusqu'aux studios de tournage Ealing, où j'assistai à la direction talentueuse par mon ami Bob Parrish d'une scène de *Casino Royale* de Ian Fleming avec l'immense Orson Welles. Je jalousais l'ambiance professionnelle du studio et fis un brin de conversation avec Welles, qui, on ne sait comment, avait perdu sa garde-robe ce matin-là – difficile à dupliquer avec sa corpulence d'alors. Je lui dis que j'avais filmé au domaine Hearst un peu plus tôt dans l'année et qu'ils « pensaient le plus grand bien » de lui là-bas. Il laissa échapper un rire à la Vincent Price.[1]

Je rentrai au May Fair à temps pour la conférence de presse de quatorze heures trente avec Dylan, qui commença à quinze heures.

Une douzaine de photographes l'encerclaient, le mitraillaient de flashs et faisaient des gros plans.

« Sucez vos lunettes, s'il vous plaît, » dit l'un.

1. L'acteur Vincent Price est bien connu pour sa voix et son rire caractéristiques. C'est avec son rire que démarre la vidéo de Michael Jackson *Thriller*. (NDT)

«Vous, sucez-les,» dit Dylan en lui tendant ses lunettes.

«Mettez une cigarette dans votre bouche,» ordonna un autre.

«Croisez les jambes. Comme ça, c'est bon.»

«Et si on essayait de profil devant la fenêtre?»

Avec un regard espiègle de mépris, Dylan enjamba la fenêtre et se mit sur le rebord. Plusieurs photographes le suivirent.

Quand Dylan se leva du rebord, les journalistes envahirent la pièce.

Contrairement à sa tournée de l'année précédente, il n'y avait aucun journaliste de la presse quotidienne londonienne. Ils venaient tous de magazines musicaux avec en bonus quelques parasites.

Dylan insista pour mettre la radio pendant que la conférence de presse avait lieu. Il semblait avoir constamment besoin de bruit de fond. Visiblement, l'ennemi était le silence. Il regarda à travers ses lunettes noires et se joua de la presse.

«Quel est le nouveau nom de votre groupe, Bob?»

«Ils n'ont pas de nom.»

«Pourquoi vos chansons n'ont-elles aucun rapport avec leur titre?»

«Pas de raison.»

«Avez-vous une nouvelle femme?»

«Je serais un menteur si je vous répondais.»

«Doit-on en déduire que vous êtes marié?»

«Vous pouvez en déduire ce que vous voulez.»

« Mais vous devez quand même bien savoir si vous êtes marié ou pas ? »

« Je suis né marié. »

« Il est dit dans le communiqué de presse que vous avez écrit un livre. Quel en est le sujet ? »

« C'est au sujet des araignées. »

« Des araignées ? »

« Oui, c'est à propos des tarentules. »

« On dirait que vous ne chantez plus de chansons contestataires. »

« Comme quoi ? »

« Comme celles que vous chantiez avant. »

« Dites-moi n'importe quoi et je le contesterai. »

Une ou deux fois, Dylan délaissa cette manie de donner des réponses absurdes à des questions insignifiantes.

Lorsqu'on lui demanda s'il préférait la Grande-Bretagne à l'Amérique, il dit, « Non, je préfère l'Amérique parce l'Amérique est ce que je connais. » À la question de savoir s'il était amer à cause de son enfance, il répondit, « Là d'où je viens, il n'y avait pas de gens riches. Je ne savais pas que j'étais pauvre jusqu'à ce que je m'en aille de là-bas. »

On lui demanda s'il possédait des biens. Certains disaient que l'argent embarrassait le jeune contestataire. Dans sa réponse, il s'enfuit, il se sauvait à nouveau, se jouant de tous, fuyant.

« Oh oui, je possède un aéroport à San Diego. Et j'ai l'intention d'acheter tous les mormons. »

Il y a un an, à la même conférence de presse, on lui avait demandé s'il croyait en quelque chose et il avait répondu, « Non, je ne crois pas en quelque chose. Pourquoi le devrais-je ? »

Ce en quoi il croyait était un secret bien gardé pour lui-même. Sur un sujet, cependant, il se montra ouvert et intéressé. La question de la musique moderne. Quand on lui demanda comment ça se faisait que la Grande-Bretagne semblait être en avance, il répondit que quand les Beatles étaient nés, il n'existait en Amérique aucun leader d'un quelconque mouvement musical. Et donc les vents du changement étaient venus de l'ouest à travers l'Atlantique contrairement à la direction habituelle. Mais maintenant, précisa-t-il, cela avait changé. Parmi les Beatles, que soit il aimait soit il enviait, c'était John Lennon, l'écrivain artiste, qu'il distinguait. Ce que Lennon avait à dire au sujet de la musique ne lui était pas indifférent.

Lorsque la conférence de presse fut finie, il attaqua l'un des journalistes avec un « Si vous n'avez pas étudié la musique, de quel droit vous permettez-vous d'écrire dessus ? »

Comme les journalistes partaient pour aller boire un verre, il se tourna vers quelqu'un et demanda, « Est-ce qu'on leur a dit qu'on joue tous les concerts à guichet fermé ? »

Mais les journalistes étaient déjà partis et en bruit de fond, la radio jouait une chanson pré-Dylan *Going to Take a Sentimental Journey*.

Dylan décida de sortir et de faire un peu de tournage dans Londres. Pennebaker suggéra que je ne vienne pas car Dylan se crispait dès que j'étais dans les parages.

Dans le hall, je tapai sur l'épaule de Dylan et suggérai que je les accompagne. « Hé non, mec, c'est pas possible. C'est un tournage privé. Tu peux aller aux concerts et ces machins. » Et il se retira en lui-même et je fixai les cheveux rebelles qui semblaient être l'endroit où il se cachait.

Il y avait en ville quelques fêtards amateurs de nuit blanche et un chauffeur de limousine qui avait promis de tenir sa langue. À Londres, à l'époque, le talent était la nouvelle monarchie.

Les jeunes artistes avaient pris d'assaut les festivités privées qui duraient jusqu'au petit matin, autrefois réservées aux ducs et à ce milieu-là. Ils naviguaient entre les boîtes de nuit dans des voitures aux vitres teintées comme des olives flottant dans d'innombrables martinis. Leurs escapades ne laissaient aucune trace enregistrée, pour la plupart, sauf par des paparazzis occasionnels. Leur aube était le milieu de la journée et on commençait à s'amuser à partir de minuit. Et leur code de conduite était représenté par un signe accroché à la porte de la chambre d'hôtel qui disait, « Prière de ne pas déranger. »

En ce qui me concerne, j'attendais l'arrivée du manager Al Grossman qui se pointa après minuit deux jours plus tard.

« Je vous tiens au courant, » dit-il.

Le matin, il m'appela de la réception et dit, « Vous feriez bien de prendre un peu de vacances. »

« Combien de temps ? » demandai-je.

« Oh, quelques semaines. »

« Au train où vont les choses, » dis-je, « vous allez vous retrouver avec vingt heures de film amateur. »

Grossman trouva ça drôle. Mais j'avais raison de manière prophétique. Je décidai de faire venir ma femme et de décoller pour Malaga en Espagne. S'il devait y avoir du sang sur le sable, je préférais que ce soit lors d'une course de taureaux avec comme seule victime un taureau.

Le groupe continua vers Dublin et Belfast. Apparemment, Dylan s'était acharné sur un piano aux premières heures du petit jour à Belfast et le pilote d'avion dans la chambre voisine s'était plaint du vacarme. Dylan et un pote avaient sauté dans un avion et tenté de revenir à Londres au beau milieu de la nuit. L'avion avait eu un problème de moteur et il était midi quand Dylan revint… apparemment dans le style de Durante, à la recherche de cet accord perdu. Si autrefois il avait été un vagabond par train et par autostop, il disposait maintenant d'avions. Désormais il pouvait s'enfuir tout autour du monde, et plus vite, toujours plus vite, comme un *rollin' stone*, comme une pierre qui roule.

Un dimanche pluvieux, alors que j'étais assis dans la chambre 111, celle de Pennebaker, au May Fair, Dylan entra, portant un pantalon de femme emprunté à pattes d'éléphant fleuri et coloré.

«J'adore ceux-là,» dit-il. «Je peux porter deux pantalons à moi en dessous.»

Son regard tomba sur un gros cigare marron que j'étais en train de fumer. Il me demanda si j'en avais un autre. J'allai dans ma chambre et je lui en rapportai un. Je pris aussi mon imperméable car il avait été décidé qu'on filmerait aujourd'hui dans Hyde Park.

Quand il vit que j'avais mon pardessus et que j'avais l'intention de les accompagner, il descendit dans le

hall. Jones, la technicienne du son aux longues jambes, était dans le hall avec lui et revint dans la chambre.

« Dylan dit qu'il vous rend votre cigare. »

Dylan ne voulait pas avoir d'obligation. Il emporta un tambourin et en route pour Speaker's Corner.

Certains critiques de Dylan prétendaient qu'il ne s'intéressait plus aux chansons socialement engagées et s'était tourné vers des ballades comme *Mr. Tambourine Man*.

Le groupe de Dylan erra à travers les vieilles rues de Londres. J'ai écouté une cassette de Speaker's Corner où Dylan avait engagé un dialogue avec des anarchistes et avait ensuite commencé à enlever ses pantalons prêtés à fleurs.

Du grondement et de la pagaille de l'enregistrement de Jones, une voix s'élevait, « Comment est-ce possible que toi, le plus grand des contestataires, tu sois devenu l'un des pires défaitistes ? »

Et une réponse indistincte, «Je ne sais pas, je ne sais pas.»

Il y eut encore quelques furtives entrevues. Lorsque ma femme arriva, je l'emmenai dans la chambre de Dylan où se tenait une fête. Il y avait une fille qui était arrivée la veille du Danemark quand Dylan lui avait dit, «Viens à Londres,» et un paquet de jeunes hommes à cheveux longs, un brouillard de fumée et de la musique rock beuglant d'un magnétophone, un ou deux Beatles, des jeunes filles pâles avec du rouge à lèvre assises parterre.

« C'est *Marat/Sade*,» dit ma femme. « C'est la scène qu'on a vue dans la pièce de théâtre. »

Marat/Sade se passe dans une maison de fous.

La nuit avant notre départ pour Malaga, où Dylan devait s'envoler pour Bristol, il y avait une limousine aux vitres teintées devant le May Fair.

Le portier dit, «Je ne sais pas qui c'est. Je crois que c'est les Rolling Stones ou ce genre de drôles de spécimens. Ils avaient tous des cheveux longs.»

Les Beatles avaient répondu présents à l'appel et le rythme entêtant de la musique s'échappait par la raie sous la porte qui affichait le fameux signe «Prière de ne pas déranger.»

On annonça qu'il y aurait au Cinema May Fair, au sous-sol, une projection du film de la tournée de l'année précédente, qui durait deux heures. Une semaine auparavant, Sammy Davis Jr. l'avait loué pour une projection nocturne d'un film d'horreur.

À deux heures et demie du matin, la salle de cinéma se remplit de Beatles assortis, de barbes et de filles en mini-jupes. Ringo ressemblait à une version figurine de gâteau de mariage de lui-même. On aurait dit qu'il avait rétréci. Mais j'imagine qu'il a toujours été petit. Dylan était assis dans la rangée derrière moi avec John Lennon, les pieds allongés sur la rangée de devant. Cela faisait deux nuits qu'il n'avait pas dormi. Et derrière ses lunettes noires, sa peau livide semblait tellement blanche qu'on aurait dit un maquillage de clown.

Les rideaux s'ouvrirent et pendant deux heures, le film défila. Dylan en conférences de presse, dans les trains et les voitures, assailli en plus ou moins flou, une Joan Baez brouillée chantant dans une chambre d'hôtel, un concert éraillé à l'Albert Hall finissant par une scène dans laquelle un article où il est traité d'«anarchiste» est lu à Dylan.

La femme d'un certain âge assise dans le fauteuil à côté me murmura, « Des âneries. Ce ne sont que des âneries. »

Une voix venant du fond cria, « Hé, ça, c'est une putain de toile, mec. Putain de toile. »

On mentionnait les Beatles à plusieurs reprises dans le film. Ils se levèrent et ne dirent rien. Absolument rien.

Le film était fini et nous nous levâmes tous pour partir. Même la douzaine de parasites qui gravitaient dans l'orbite de Dylan, se faisant de l'argent et du temps on ne sait comment de la légende Dylan.

Tout le monde partait, mais Dylan était toujours assis là, drapé sur deux rangées, une silhouette évanescente, délavée sous un amas de cheveux, seul. Comme une image subliminale, presque, on remarqua que Dylan ne s'était pas levé.

« Hé, Bobby, réveille-toi. C'est fini. C'est fini pour de bon. La toile est finie, » dit l'un des garçons à cheveux longs.

Il sembla un peu désarçonné. Où se trouvait-il ? Un garçon aux origines obscures, vingt-cinq ans dans quelques jours, qui avait parcouru un million de kilomètres à travers un désert aride, seul, seul, qui avait fait un million de dollars de contestation, était réveillé dans la salle de cinéma qu'il avait louée lui-même. La toile était finie.

Après ça, je ne revis plus Dylan.

Pendant ce temps avec Dylan, j'avais vu les hommes adultes-en-devenir et les enfants à la frontière qui semblaient dire, « Bobby, dis-nous ce que nous devons penser. » T.S. Eliot a capturé cet état avec son éloquence poétique :

Pour les enfants à la frontière

Qui ne peuvent s'en aller ni faire de prières

Priez pour ceux qui ont choisi et qui défient

Oh mon peuple, qu'ai-je fait.[1]

Bien sûr, j'ai repensé à lui depuis que j'ai commencé *Les journaux intimes de Dylan*. Au fond, tout ce que signifiait Dylan, peut-être, c'est que les adultes n'avaient plus de message à transmettre aux jeunes. À l'ère du Vietnam, c'était difficile de communiquer un sens des valeurs. Était-il possible que des siècles de tradition n'aient abouti à rien d'autre qu'à cette période de gâchis atomique ?

Ou bien dans ces périodes d'abondance, le temps était propice pour mettre de la poésie de fanzine de fac en musique. De nos jours, les gosses pouvaient se permettre de payer pour écouter.

Il est bien possible, évidemment, que Dylan se soit payé notre tête, à tous. À une époque où des soupes en carton sont considérées comme de l'art, Batman comme de la culture populaire et des tâches sur un film comme du talent, peut-être que Dylan avait perdu tout respect pour les gens prêts à payer pour écouter les braillements d'un gamin.

Quoi que puisse être Dylan, je peux vous dire une chose, c'est qu'il fuyait vite, longtemps et fort… en lui-même, il fuyait vite, longtemps et fort à l'intérieur.

J'ai essayé de l'attraper. Je ne sais pas si je l'ai fait.

---

1. For children at the gate/Who will not go away and cannot pray/Pray for these who chose and oppose/O my people what have I done.

Je ne suis pas sûr que Dylan soit ni perdu ni retrouvé.

En ce qui me concerne, j'allai en Espagne, je revins à Londres puis à New York. Depuis lors, j'ai souvent repensé à ce qu'Albert Grossman, le manager de Dylan et figure paternelle, m'avait dit quand il essayait de me convaincre de prendre ce boulot comme producteur de l'émission télé spéciale. «Tu peux être sûr que tu en retireras quelque chose, même si ce n'est pas ce auquel tu t'attendais.»

Bob Dylan, Bonjour et Au revoir.

* * *

Mais bien sûr, ce n'est pas fini. En relisant ces journaux bien des années plus tard, je me rends compte que je suis encore peiné par cette expérience. Beaucoup de gens ont demandé, 'qu'est-ce qui est arrivé au film?' J'avais raison à ce sujet-là – on ne le vit jamais. Dylan vira Pennebaker, le monta lui-même, tomba d'une moto et devint, effectivement, un genre de porte-parole de l'âge de la rage. Il était en colère. Il resta en colère. Cela me donne le frisson maintenant comme ça me donnait le frisson à l'époque. Les 100 000 dollars d'avance qu'Albert Goldman avait reçus de la ABC durent être remboursés. Je n'ai jamais vu la moindre image de ce film.

Dylan continua à rôder et râler, maudire et vomir, son énergie entièrement consacrée à déchiqueter le système. Tout était horrible, n'est-ce pas? Qu'est-ce que le passé avait donc à dire ou enseigner ou prêcher? *Gimme Shelter,* fil'moi un abri. (Je note au passage et sans commentaire que quand le Kennedy Center à Washington lui a offert ses honneurs par les mains

d'un Président rondouillard, il les a acceptés sans les contester.)

Quant à moi, je trouvai un abri et me refugiai dans les beautés du passé, là où elles existaient encore. Ce fut le Poet's Corner, le coin des poètes, dans l'abbaye de Westminster à Londres. Si les temps brûlaient Browning, rongeaient les Brontë, moi je les chérissais.

Et avec le ravissement subtil et doux du son mélodieux de James Mason comme guide, je réalisai *Hall of Kings*, l'une de mes heures de gloire, mon premier prix Emmy et la renaissance de mon estime de moi, qui avait presque été écrabouillée par le pouvoir cinglant de Dylan et les forces déchaînées à cette époque-là.

C'est vrai, c'était une période d'horreur. J'avais été au Vietnam et j'avais envoyé chez moi, à Holly, ma fille qui venait de naître, des lettres qui ont ensuite été publiées à travers le monde. J'étais un contestataire précoce de cette vilaine guerre qui créait des dissensions. Sa stupidité n'a fait qu'accroître l'influence de Dylan, qui était grande. Et ces horribles assassinats et ces émeutes en Amérique dépassaient certainement le seuil du supportable.

Burn, baby, burn devint un cri de guerre. Où étaient la beauté, la tradition et l'amour ? Comment arriver à sauver un sens pour nous-mêmes ?

Je dus déserter mon New York adoré et retourner au Canada où m'était offerte en ce temps-là l'opportunité de faire des films qui se concentraient sur des valeurs pérennes, poétiques. Tous les coups étaient permis. Pas d'interférence. Créer comme je le pouvais. Expérimenter. C'est comme si j'avais gobé l'univers entier. G. Bernard Shaw, qui dénichait l'humour, mais aussi la rédemption, dans l'horreur humaine, fournit,

dans ces mots utilisés lors de mon premier film pour la CBC, un genre de ligne de conduite pour nous servir d'inspiration et ne jamais oublier :

«Je crois en Michelangelo, Velasquez et Rembrandt, en la puissance du dessin, au mystère de la couleur, à la rédemption des choses par la beauté éternelle, et au message de l'art qui a donné la grâce à ces mains.»

Et aujourd'hui, j'honore tout particulièrement le temps que j'ai passé avec Leonard Cohen – à tenter, à ma façon, d'être libre.

Sommaire des premiers vers

Dépôt légal : novembre 2016
IMPRIMÉ EN FRANCE

Achevé d'imprimer le 16 novembre 2016
sur les presses de l'imprimerie *La Source d'Or*
63039 Clermont-Ferrand
Imprimeur n° 19147

Dans le cadre de sa politique de développement durable,
La Source d'Or a été référencée IMPRIM'VERT® par son organisme consulaire de tutelle.
Cet ouvrage est imprimé - pour l'intérieur - sur papier bouffant "Clairbook" 80 g main de 1.8
provenant de la gestion durable des forêts.

www.paroleetsilence.com

Pour recevoir les informations sur nos parutions,
envoyez vos coordonnées à :

Éditions Parole et Silence
60, rue de Rome
F - 75008 Paris

ou

17, route du Muveran
CH - 1880 Les Plans sur Bex

paroleetsilence@omedia.ch

-------------✂--

Nom : ....
Prénom : ....
Adresse : ....
....
Code postal : ....
Ville : ....
E-mail : ....
Téléphone : ....
Fax : ....

Je souhaite être informé(e) des publications
des Éditions Parole et Silence.